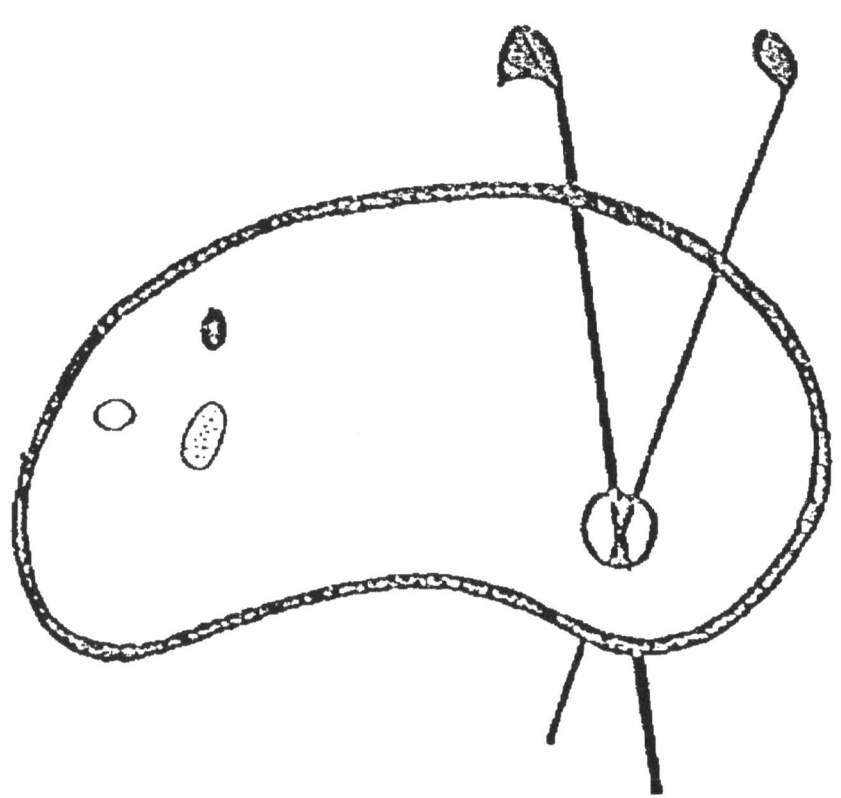

LES DUCS HÉRÉDITAIRES

DE

NORMANDIE

PAR A. DE LAPORTE

ROUEN

MÉGARD ET Cⁱᵉ, IMPRIMEURS-LIBRAIRES

Grand'Rue, 156, et rue du Petit-Puits, 21

BIBLIOTHÈQUE MORALE

DE

LA JEUNESSE

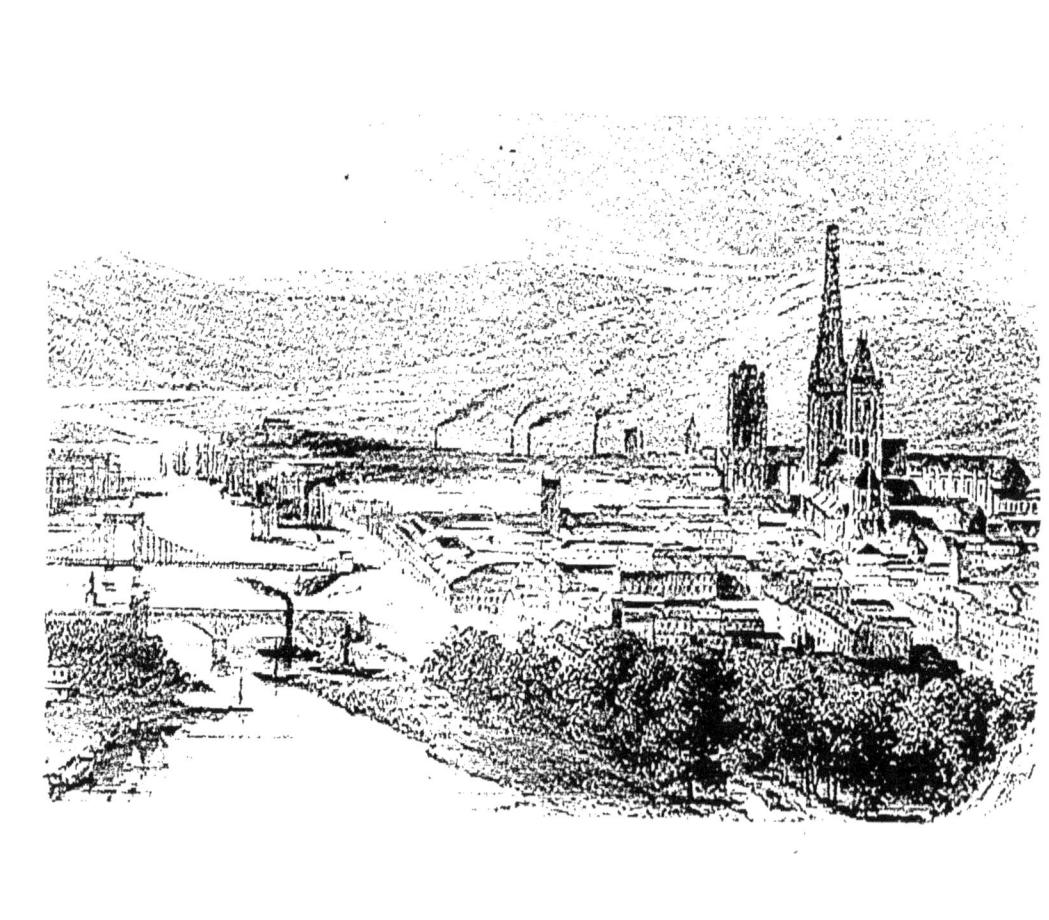

LES DUCS HÉRÉDITAIRES

DE

NORMANDIE

PAR A. DE LAPORTE

ROUEN

MÉGARD ET Cie, IMPRIMEURS-LIBRAIRES

Grand'Rue, 185, et rue du Petit-Puits, 21

Propriété des Editeurs.

Avis des Éditeurs.

Les Éditeurs de la **Bibliothèque morale de la Jeunesse** ont pris tout-à-fait au sérieux le titre qu'ils ont choisi pour le donner à cette collection de bons livres. Ils regardent comme une obligation rigoureuse de ne rien négliger pour le justifier dans toute sa signification et toute son étendue.

Aucun livre ne sortira de leurs presses, pour entrer dans cette collection, qu'il n'ait été au préalable lu et examiné attentivement, non-seulement par les

Éditeurs, mais encore par les personnes les plus compétentes et les plus éclairées. Pour cet examen, ils auront recours particulièrement à des Ecclésiastiques. C'est à eux, avant tout, qu'est confié le salut de l'Enfance, et, plus que qui que ce soit, ils sont capables de découvrir ce qui, le moins du monde, pourrait offrir quelque danger dans les publications destinées spécialement à la Jeunesse chrétienne.

Toute observation à cet égard peut être adressée aux Éditeurs sans hésitation. Ils la regarderont comme un bienfait non seulement pour eux-mêmes, mais encore pour la classe si intéressante de lecteurs à laquelle ils s'adressent.

INTRODUCTION.

―――

Vers le neuvième siècle, la Norwége, dont les côtes s'étendent depuis les rochers de la Baltique jusqu'aux glaces du pôle, était le plus inculte des pays septentrionaux. La nature du sol et la rigueur d'un climat qui s'opposait à tous les efforts de l'agriculture, en inspirant aux peuples de cette contrée la haine de la mère-patrie, ne contribuèrent pas peu à leur donner ce goût des aventures et ce mépris de la mort qu'on admire en eux. Ils habitaient surtout les bords de la mer; ils étaient pauvres, avides, entreprenants; la piraterie maritime devenait leur profession naturelle.

D'un autre côté la religion de ces peuplades les portait violemment vers les combats en leur représentant les guerriers morts avec courage les armes à la main comme devant occuper les premières places dans le séjour des dieux. Ils comprenaient l'univers sous trois grandes divisions : l'Asgaard, le Midgaard et l'Utgaard : le ciel, la terre et l'enfer. C'était dans le premier que se trouvait le Volhal, séjour des dieux, où régnait Odin, le Dieu suprême, et son épouse Friga, et où devaient les rejoindre, après la mort, les guerriers qui avaient succombé avec courage, pour s'enivrer de plaisirs toujours nouveaux.

Cette concordance dans les enseignements de la religion, et les pensées que faisait naturellement naître l'aspect du pays, avaient profondément pénétré le cœur des Scandinaves et leur avaient fait un caractère héroïque et aventureux dont on ne trouve point d'exemples ailleurs. Leurs poésies sont tout empreintes de ce sentiment belliqueux; l'Edda, les Sagas et les chants des Scaldes conservés par Olaüs Wormius en offrent une multitude d'exemples. On connaît le fameux chant de Lodbrog : « Nous avons combattu avec l'épée... Les aigles et les oiseaux aux pieds jaunes poussaient des cris de joie... Les vierges ont pleuré longtemps... Les heures de la vie s'écoulent... Nous sourirons quand il faudra mourir. » Le peuple qui marchait au combat avec ce mépris de la mort devait être invincible.

La population de la Norwége était immense. La terre ne pouvait suffire à tous les chefs. Outre ceux qui possédaient des états sur le continent, ils comptaient une foule de rois d'une autre espèce, souverains sans royaume, sans demeure, n'ayant qu'une barque pour abri et d'intrépides matelots pour sujets. C'étaient les rois de la mer, ne dormant jamais sous le toit enfumé, ne vidant jamais la corne de cervoise auprès du foyer, mais toujours prêts à s'élancer sur leurs chevaux à voiles, ainsi qu'ils appelaient leurs navires, pour épier les vaisseaux voyageurs, les attaquer à l'abordage, massacrer les rameurs et s'enrichir de leurs dépouilles.

Rivaliser de force et d'agilité, gravir lestement les rochers escarpés, courir sur le bord étroit des esquifs, sauter légèrement d'une rame à l'autre en suivant le mouvement régulier des rameurs, lancer à l'ennemi deux javelots à la fois, se battre des deux mains avec une égale dextérité, traverser un bras de mer à la nage, dompter un coursier rebelle, l'enfourcher à toutes allures, boire de la bière dans le crâne de son ennemi, tels étaient les jeux de ces hommes à qui la mort ne pouvait arracher un soupir, et pour qui la bataille sanglante avait tous les charmes d'une jeune épouse dans tout l'éclat de sa beauté.

Peu leur importait la mer qu'ils allaient courir et la contrée qu'ils allaient visiter. Ils poussaient leurs esquifs dans les flots et en abandonnaient la direction aux vents. Quelquefois même ils s'embarquaient pendant l'orage, certains d'arriver à l'improviste, et voguaient joyeusement vers le pillage sous la protection des tempêtes.

Après avoir ravagé l'Islande et les îles du Nord, ces barbares, que l'histoire désigne sous le nom général de Northmans (hommes du Nord), osèrent, vers le temps de Charlemagne, porter leurs déprédations jusque sur les côtes de la Frise et de la France. Le grand empereur leur opposa la vigilance de son génie ; il entretint des vaisseaux en station sur toutes les côtes depuis le Tibre jusqu'à l'embouchure de l'Elbe. Mais un jour, dans un port de la Méditerranée, il aperçut des pirates et, les reconnaissant à la forme de leurs barques, il se leva de table, se mit à une fenêtre qui regardait l'Orient et y demeura longtemps immobile ; des larmes coulaient le long de ses joues ; personne n'osait l'interroger. « Mes fidèles, dit-il aux grands qui l'environnaient, savez-vous pourquoi je pleure? Je ne crains pas pour moi ces pirates ; mais je m'afflige que, moi vivant, ils aient osé insulter ce rivage. Je prévois les maux qu'ils feront souffrir à mes descendants et à leurs peuples. » *

La prédiction de Charlemagne ne tarda pas à se réaliser. Sous son fils Louis le Débonnaire, que les chroniqueurs ont parfaitement caractérisé, en disant qu'il fut bon père, prince vertueux, mais fut mauvais empereur, l'embouchure des fleuves cessa d'être gardée par des flottilles, et les pirates purent pénétrer dans la Gaule.

Dès l'an 820 les Normands sont à l'embouchure de la Seine. Leurs relations avec Louis le Débon-

---

* CHATEAUBRIAND. *Études.*

naire semblent n'avoir eu d'autres résultats que d'encourager leur invasion.

En 830, une bande plus nombreuse s'établit près de l'embouchure de la Loire, dans l'île de Her, qui prit le nom de Neirmoutier, d'un monastère qu'ils avaient brûlé. Ce fut leur première station, ou le repaire d'où ils s'élançaient pour ravager les campagnes et dans lequel ils assemblaient leur butin.

En 838, parut Hasting, le plus méchant homme qui naquit jamais, disent les chroniqueurs. Aucun roi de la mer n'a laissé plus de terreur, aucun n'a brisé tant de cervelles, tant répandu de sang humain, tant pourchassé de chevaliers. C'était un renégat né en Champagne, qui, après avoir trafiqué longtemps dans les pays du Nord, était devenu chef de pirates, comme Samon, autre Gaulois, était devenu roi des Esclavons, du vivant de Dagobert. Pour coup d'essai, Hasting pilla Amboise; il occupa ensuite Nantes, et établit une station dans une île de la Loire, au-dessous de Saint-Florent.

Trente ans plus tard, nous le trouvons encore aux prises avec Louis III, sur les bords de la

Somme. Le roi de France lui tua neuf mille hommes dans une action célèbre, auprès du lieu où fut bâtie plus tard Abbeville, et le contraignit de regagner précipitamment ses vaisseaux. Les historiens de l'époque assurent que Louis III, d'une complexion délicate, se battit avec une ardeur telle, qu'il se rompit les entrailles à force de frapper. On fit sur cette victoire une chanson en langue tudesque. Le jeune roi mourut au bout de quelques mois, des suites de son accident. Son frère Carloman, devenu seul maître de la France, s'attacha Hasting par la cession du comté de Chartres, érigé pour lui en fief héréditaire. *

Pendant qu'Hasting se créait ainsi un état, un autre chef non moins célèbre portait l'audace encore plus loin. Sous les dernières années de Charles le Chauve, père de Louis III et de Carloman, Regnard-Lodbrog, arrivant par la Seine, avec cent vingt bateaux, pillait Rouen et s'avançait vers Paris, chassant sur son passage les populations effrayées. Les moines, fuyant au loin avec leurs reliques, annonçaient qu'il ne restait plus d'espoir. La

* Mazas. *Histoire de France.*

ville de Paris fut occupée sans résistance. Selon une tradition populaire, les morts se défendirent mieux que les vivants. Regnard, entrant dans la maison d'un vieillard mort (Saint-Germain-des-Prés), fut battu avec les siens, sans voir d'où partaient les coups. Charles le Chauve, posté à Saint-Denis, n'osa combattre les pirates et paya leur retraite d'une forte somme. Les Normands de Regnard jurèrent par leurs dieux et sur leurs armes qu'ils ne reviendraient jamais. Leur serment dura douze ans.

Ces événements nous conduisent jusqu'au règne de Charles le Gros, dont le nom rappelle l'incapacité la plus complète réunie à un immense pouvoir. A peine est-il proclamé par les seigneurs, que les pirates arrivent par les embouchures de tous les fleuves. Quarante mille des plus audacieux se réunissent sous les ordres de Simir, et, montés sur sept cents bateaux, ils viennent une seconde fois mettre le siége devant Paris. La capitale de la France n'était alors qu'une île, la Cité, jointe au continent par deux ponts de bois, défendus chacun par une tour. Le siége commença vers la fin de septembre 885. Eudes, duc de France;

Goslin, évêque de Paris; Anchesic, abbé de Saint-Germain-des-Prés, et Eble, religieux de la même communauté, furent les seuls qui ne s'effrayèrent pas à la vue de cette multitude d'ennemis. Ils soutinrent le siége avec vigueur. Après troits assauts inutiles donnés du côté du nord, les Normands essayèrent de combler le fossé qui défendait la tour par laquelle ils devaient s'emparer du pont. Les fascines leur manquant, ils y jetèrent des bœufs et des chevaux, et, cela ne suffisant pas encore, ils eurent la barbarie d'égorger les prisonniers français et de jeter leurs cadavres dans les fossés, pour achever de le remplir. A la vue de cet excès de cruauté, l'évêque frémit d'horreur, et, s'élançant sur la brèche, il perça d'un coup de flèche un officier normand, dont le corps tomba dans le fossé avec ceux qu'il venait d'y précipiter lui-même. Les Normands continuèrent l'attaque, mais inutilement; les assiégés démontaient sans cesse les béliers, enfonçaient les galeries et assommaient une multitude de soldats ennemis, par les pierres qu'ils lançaient du haut des murailles.

Depuis dix-huit mois, Eudes et Goslin soutenaient des attaques continuelles, lorsque Charles le Gros revint des bords du Rhin avec une nombreuse armée. Mais lorsqu'il pouvait exterminer ses cruels ennemis, il n'osa pas même risquer une bataille; il leur donna, pour les engager à lever le siége, sept cents livres pesant d'argent et la permission de passer l'hiver en Bourgogne, qu'il abandonnait ainsi à leurs dévastations.

Ce honteux traité excita une indignation générale. Charles le Gros fut déposé comme incapable de défendre la couronne, et Eudes, le défenseur de Paris, devint roi de France.

Mais les Normands n'en triomphaient pas moins. En revenant dans leurs tristes et sauvages contrées, ils racontaient à leurs compatriotes que, par-delà l'Océan, vers le Sud, se trouvaient de fertiles vallées échauffées par un doux soleil, et d'une facile conquête. Ces récits enflammèrent l'imagination de ceux qui les écoutaient et augmentèrent encore leur soif d'aventures et leur ardeur pour les lointains voyages.

Si bien qu'un jour arriva que la terre de Norwége, que l'on avait surnommée la fabrique des nations, n'eut plus assez d'habitants pour la peupler, et un prince nommé Herald se vit contraint de porter une loi qui défendait à tous ses sujets de quitter la mère-patrie.

Comme il arrive toujours, cette ordonnance trouva des rebelles. De ce nombre fut Hrolf, jeune et beau guerrier d'une illustre famille, qui, méprisant l'ordre du roi, se permit d'aller butiner dans une île voisine. Le prince aussitôt convoque une assemblée, et le coupable, malgré son illustre origine, est à jamais banni de sa patrie.

Hrolf, qui avait peut-être un pressentiment de sa grandeur future, remonta sur ses vaisseaux et cingla vers les Hébrides. Il se jeta d'abord sur l'Angleterre ; mais Alfred le Grand le repoussa. Sans perdre courage, il se remit en mer, confiant aux vents le soin de sa fortune.

Comme il errait à travers l'Océan, il eut ou crut avoir un songe, dans lequel il vit un essaim d'abeilles qui, partant de son vaisseau, étaient allées s'abattre sur de beaux arbres, dans une contrée émaillée de fleurs et qui semblait saluer leur venue. Il ajouta que ces abeilles leur indiquaient sans doute le chemin qu'ils devaient suivre, et aussitôt il se dirigea vers la Neustrie.

Un vent favorable porta les pirates à l'embouchure de la Seine. C'était en l'année 876. La grasse province qui *s'offrait* à leurs yeux éblouis justifia pleinement le rêve de leur chef. Ils résolurent aussitôt d'en faire la conquête et d'y fixer leur vie errante.

La province de Neustrie avait autrefois fait partie de la deuxième Lyonnaise. Ses premiers habitants avaient été les Calètes, les Velocasses, les Eburovices, les Lexovii, les Bajocasses, les Unelli et les Sagii, tous gaulois dans le fond et dans la forme, tous soldats et laboureurs, payens qui sacrifiaient des victimes humaines à Teutatès et des taureaux à Jupiter.

Avec la conquête romaine, cette province aussi avait changé de forme. On lui avait donné un gouverneur, on avait percé des routes, bâti des châteaux, élevé des villes; enfin, la deuxième Lyonnaise était devenue une province importante, et la civilisation avait commencé à s'y faire sentir.

Bientôt un élément plus civilisateur encore que le contact des mœurs romaines vint développer l'intelligence des sauvages habitants de la contrée. Trois prêtres d'une religion nouvelle, Mellon, Taurin et Exupère, tous trois humbles et pauvres, mais forts de la croix de Jésus-Christ, leur divin maître, vinrent semer la foi dans ces sauvages contrées et prêcher l'Évangile, l'un à Rouen, le second à Évreux, le troisième à Bayeux.

Mellon, le premier, est peu connu. Il vivait vers le quatrième siècle. Il habita longtemps une grotte retirée au bord d'une fontaine miraculeuse que l'on admire encore dans une fraîche vallée du pays de Caux, auquel le saint évêque a donné son nom. Il prêcha ensuite avec succès à Lillebonne, la grande cité d'alors, et à Rouen, qui n'était encore qu'une bourgade. On conserve encore dans une crypte de l'église de Saint-Gervais de cette ville le tombeau où l'on prétend qu'il fut enterré. Ses miracles et l'éclat de ses vertus avaient fait de nombreux prosélytes. L'église de Rouen l'honore comme son fondateur.

Les légendaires donnent de plus longs et de plus poétiques détails sur la vie et les miracles de saint Taurin d'Évreux. Ils le font naître à Rome, de la famille des Tarquins, et, aussitôt son arrivée à Évreux, le mettent aux prises avec le diable, sous la figure d'un uroch. Tous ses miracles sont peints sur les verrières de la collégiale qui porte son nom.

On y voit notre saint tantôt renversant d'un mot les statues du temple de Diane, tantôt enfonçant en terre sa houlette pastorale, qui pousse aussitôt des bourgeons et des feuilles. Ce qu'il y a de certain, c'est qu'il fonda l'église d'Évreux. L'époque de son épiscopat n'est pas nettement connue.

Saint Exupère offre quelque chose de plus certain à l'histoire. Il vivait en 370, et il établit à Bayeux une chrétienté florissante. La liste exacte de ses successeurs sur ce siége nous a été conservée.

C'est à la lueur des idées chrétiennes qu'il faut suivre l'histoire de la province pendant ces temps malheureux. C'est saint Victrice, un évêque de Rouen, qui nous en a laissé les plus anciens éléments. C'est encore lui qui fit sortir de terre les premiers monuments. Alors les crosses et les croix étaient de bois, mais le clergé était d'or. Victrice, de ses mains épiscopales, ne craignait pas de se mêler aux ouvriers et de rouler avec eux les pierres qui devaient servir à édifier la première église.

Après les Romains parut Clovis. La seconde Lyonnaise, façonnée depuis quatre siècles aux mœurs, au langage et aux lois de Rome, se révolta, comme les autres contrées armoriques, contre le nouveau conquérant. Cependant il fallut céder à la force. Tout disparut devant les Francs jusqu'à l'ancien nom de la province, et la Neustrie passa à cette branche de guerriers qui gouverna le nord-ouest de la France et que les historiens ont appelés rois, mais que je ne sais, moi, de quel nom qualifier.

L'histoire de cette époque est celle du meurtre et de l'assassinat. Si l'on veut voir le frère égorger son frère, le fils poignarder son père, le père étrangler son fils, le mari tuer sa femme, le vainqueur jeter dans un puits son ennemi vaincu, avec sa femme et ses enfants, un prince ordonner que son fils soit brûlé vif, des moines tenter un assassinat nocturne sur la personne de leur évêque, des évêques dégradés en plein concile pour leur conduite licencieuse, des femmes employer tour à tour le fer et le poison pour se défaire d'un époux outragé ou d'un adversaire dangereux; si l'on veut voir le tableau le plus effrayant de la dégradation et de la corruption humaine, il faut parcourir les annales des Francs depuis Clovis jusqu'à Charlemagne. Au récit de tant de forfaits, d'atrocités et de massacres, il vous semble marcher dans le sang et heurter à chaque pas un cadavre.*

Huit évêques avaient occupé le siége de Rouen depuis saint Victrice. Prétextat, élu en 514, exerçait encore en 567, lorsque Chilpéric, roi de Neustrie, épousa l'impie Frédégonde, tandis que Sigebert, son frère, roi d'Austrasie, s'unissait à Brunehaut. Ces deux femmes, Frédégonde et Brunehaut, caractérisent à elles seules une époque. Une guerre acharnée éclate entre les deux rois à l'occasion de ces deux rivales.

Chilpéric, battu sur tous les points, se refugie à Tournay, d'où il voit son heureux vainqueur s'avancer jusqu'à Rouen. Seul, sans amis, le roi de Neustrie est près de se rendre. Frédégonde l'arrête. Elle fait appeler deux pages. « Allez trouver Sigebert, leur dit-elle ; feignez de vous rendre à lui, et tuez-le. Si vous revenez sains et saufs, je vous comblerai d'honneur, vous et votre postérité. Si vous succombez, je distribuerai pour vous de grandes aumônes aux tombeaux des saints. »

Les deux pages s'acquittèrent fidèlement de leur mission. Sigebert tomba percé de coups.

Au moment où l'on poignardait son mari, la

* LICQUET. *Histoire de Normandie*, p. 13.

reine Brunehaut était à Paris, avec ses enfants. Chilpéric, devenu inopinément maître des deux royaumes, l'envoya en exil à Rouen. L'ancienne reine d'Austrasie était encore jeune et belle; Mérovée, fils de Chilpéric, l'aima et s'en fit aimer. L'évêque Prétextat bénit leur union. Le malheureux pontife ne tarda pas à se repentir de son imprudence. Chilpéric, indigné, accourt avec Frédégonde. Mérovée est tué dans un piége, et Prétextat, d'abord exilé à Jersey, puis rappelé par le peuple, est poignardé, un jour de Pâques, pendant la grand'messe, au pied même de l'autel, dans l'église cathédrale (586).

En 626 nous trouvons sur le siége de Rouen un autre grand évêque, saint Romain, le plus populaire peut-être de tous les héros chrétiens dans la contrée. Romain avait été chancelier du roi Clotaire II. A peine eut-il pris possession de son siége, qu'il entreprit avec un zèle infatigable la destruction des temples du paganisme. Je ne parlerai pas des nombreux miracles que la tradition lui attribue, ni du fameux privilége de la fierte, objets de tant d'écrits et de controverses. Tous ces détails sont suffisamment connus.

Saint Ouen (640), successeur de saint Romain, continua l'apostolat fructueux de son prédécesseur. « Je vous conjure, disait ce saint évêque, dans une lettre touchante aux habitants de son diocèse, de ne point observer les coutumes des païens, de ne point croire aux magiciens, aux devins, aux sorciers; de ne les consulter dans vos maladies, ni pour aucun autre sujet. N'observez point les augures ou le chant des oiseaux. Que nul chrétien ne remarque le jour qu'il sort de chez lui, ni le jour où il y rentre; que nul ne fasse attention au jour ni à la lune pour entreprendre une besogne; que personne n'invoque le nom des démons, Neptune, Pluton, Diane, Minerve ou ses génies. Qu'on n'aille point aux temples, aux pierres, aux fontaines, aux arbres, aux carrefours, y allumer des cierges ou y accomplir des vœux. »

En même temps qu'il cherchait à éteindre dans son peuple les dernières traces du paganisme, saint Ouen donnait tous ses soins à la culture et aux progrès des lettres. Fondées sous les auspices de ce prélat, les célèbres abbayes de Fontenelle et de Jumiéges devinrent en ses mains comme des instruments dont il se servit pour faire fructifier les études. La première surtout s'acquit, sous ce rapport, une réputation que peu d'autres ont égalée. Elle est à peine créée, que les savants y abondent. Une bibliothèque nombreuse s'y forme par les soins de saint Wandrille, dont elle prendra bientôt le nom. La jeunesse y accourt de toutes parts et remplit ses écoles. Elle fournit de grands personnages dans presque tous les genres. Tels furent Génesion et Lambert, qui sortirent de son cloître pour monter sur le siége épiscopal de Lyon; tel fut Ansbert, qui mérita de succéder à saint Ouen sur celui de Rouen; Ansbert qui, voulant donner un grand festin le jour de son entrée en fonctions, fit dresser une table particulière pour les indigents, plaça les autres convives chacun selon son rang et alla s'asseoir au milieu des pauvres. Ce même évêque, pour remédier autant qu'il était en lui aux désastres d'une grande famine dont souffrit la province pendant son épiscopat, fit servir les trésors de l'église au soulagement des malheureux.

Les temps qui suivent sont des temps de troubles, de désordres et d'obscurité. En pouvait-il être autrement à une époque tourmentée par les derniers efforts d'une dynastie expirante ? L'héritage de Clovis, tantôt partagé entre les enfants d'un roi qui mourait, tantôt réuni sous un seul maître pour être de nouveau morcelé, n'était plus qu'une proie ensanglantée qui devait rester au plus fort, au plus cruel ou au plus adroit.

Vint enfin le génie puissant de Charlemagne, qui suspendit un moment tous ces maux. Ce grand prince s'appliqua à favoriser les études, et la célèbre école de Fontenelle reprit tout l'éclat dont elle avait brillé sous saint Ouen (800).

Les démêlés des successeurs de Charlemagne et la naissance du système féodal arrêtèrent ce bel essor. L'apparition des Normands, leurs excès, leurs ravages mirent enfin le comble aux désordres de l'administration et à la misère des peuples.

Tels étaient les hommes qui venaient fonder une puissance dans le partie nord-ouest du royaume de France ; tel était le pays qui s'offrait de lui-même à leur fertile conquête.

HROLF OU ROLLON

Premier Duc de Normandie.

876 — 912.

Une de ces tempêtes qui prouvent bien que Dieu souffle où il veut, en jetant à l'embouchure de la Seine la flotte de Hrolf, que nous appellerons désormais Rollon, avec tous les historiens, venait de décider du sort de la Neustrie.

Le chef des pirates arrive à Jumiéges et remonte la Seine jusqu'à Pont-de-l'Arche, à trois lieues de Rouen. En cet endroit, ses députés s'abouchent avec ceux du roi de France Charles le Chauve.

— Qui êtes-vous ? d'où venez-vous ? que demandez-vous ? dirent les envoyés du roi.

— Nous sommes Danois, nous venons soumettre la France.

— Le nom de votre chef ?

— Nous n'avons point de chef, nous sommes tous égaux.

— Quel est celui dont la renommée vous a attirés ici ? Avez-vous entendu parler d'un certain Hasting, votre compatriote, arrivé ici avec une flotte considérable ?

— Oui. Il avait bien commencé, mais il a mal fini.

— Voulez-vous vous soumettre au roi de France ? Il vous comblera de bienfaits.

— Nous n'obéirons jamais à qui que ce soit ; nous n'accepterons des bienfaits de personne. Nous préférons les devoir à nos armes et à la victoire.

— Que prétendez-vous faire ?

— Éloignez-vous, au plus vite ; vous ne saurez rien de nos projets.

Là-dessus les députés se séparent, et la guerre commence. Meulan, Bayeux, Lisieux, Evreux,

Paris même et Chartres voient tour-à-tour les Normands sous leurs murs. Partout on se plaint de leurs brigandages. En vain le clergé, puissant alors, lance contre le roi ses terribles avertissements; en vain il ajoute aux prières de l'Église cette invocation énergique : *A furore Normannorum libera nos, Domine.* — *Seigneur, délivrez-nous de la fureur des Normands ;* toutes les mesures sont inutiles, et Charles le Simple, pressé par son propre péril autant que par les plaintes de ses sujets, se voit enfin réduit à traiter avec ces hommes indomptables, et leur député François, évêque de Rouen.

Au nom du roi de France, François offrit la seigneurie héréditaire de Rouen et des pays conquis, à condition que Rollon se ferait chrétien et qu'il deviendrait l'ami du monarque. Le pirate ayant accepté, Charles le Simple et lui se rencontrèrent au village de Saint-Clair-sur-Epte. Les Français avaient planté leurs tentes sur la rive gauche, les Normands sur la rive droite. A l'heure de l'entrevue solennelle, le duc Rollon, qui dominait le roi Charles de toute la tête, prit les deux mains du

Simple dans les siennes et lui jura obéissance. De son côté, le roi de France reconnut Rollon duc et seigneur de Normandie.

Quelques historiens ont avancé, sur la foi de Dudon de Saint-Quentin, que, pour confirmer l'alliance avec le chef des Normands, Charles lui avait donné sa fille Gisèle en mariage. Nous pouvons affirmer que le roi de France n'eut jamais d'enfant de ce nom. A l'époque du traité de Saint-Clair-sur-Epte, Charles n'avait que trente-deux ans et n'était marié à sa première épouse Fréderune que depuis cinq ans. Comment eût-il pu avoir la main d'une fille nubile à offrir à Rollon, surtout si l'on fait attention que Gisèle, selon les historiens, réunissait dès-lors les avantages de la taille à l'élégance des formes, la prudence à la chasteté, la facilité d'élocution à l'affabilité du langage ?

Le traité conclu et garanti sous la foi du serment par les comtes, les évêques et les abbés, Charles retourna satisfait dans ses domaines, et Rollon revint à Rouen, accompagné de l'évêque François, qui le baptisa (911).

Que ce fût politique ou bonne foi, le nouveau duc acquitta religieusement ses promesses, fit baptiser ses compagnons et porta lui-même, selon l'usage, la tunique blanche pendant sept jours, qui furent chacun marqués par un don aux principales églises des environs.

Voilà donc l'ancien chef des pirates, le duc Rollon, maître absolu de cette province de Neustrie, qui constituait, à elle seule, un des plus beaux royaumes qui soient sous le soleil; terre féconde, noble nourrice, gras pâturages, eaux limpides, puis tout là-bas la mer qui gronde et l'Angleterre qui appelle.

Rollon avait rencontré là une grande conquête. Arrivé le dernier de tous les enfants du Nord, il avait trouvé dans ce partage une noble et riche proie. Le pirate n'eut pas grand'peine à devenir un prince. Il avait en lui-même l'instinct de toutes les grandeurs. Ses compagnons suivirent l'exemple de leur chef. Bandits la veille, ils furent le lendemain de gentilshommes; païens la veille, ils se levèrent chrétiens le lendemain, et, de concert avec leur chef, ils ne songèrent plus qu'à s'affermir par une sage politique dans ces contrées qu'ils venaient de conquérir.

L'ancienne Neustrie change son nom royal contre celui de duché de Normandie, ayant pour bornes la mer à l'ouest, la Somme au nord, l'Epte à l'est et le pays d'Évreux au midi.

Rollon, de son côté, dépouille le vieil homme et montre autant de sagesse qu'il avait jusque-là montré de violence. La terreur attachée à son nom avait fait déserter la contrée; il adressa un appel à quiconque voudrait désormais l'habiter, lui garantissant paix et protection. Les monuments de toute espèce avaient été ravagés et détruits; il les fit remplacer par des constructions nouvelles. Les remparts des villes se relevèrent, leurs fortifications furent augmentées, des règlements sévères arrêtèrent les brigandages, et des lois dont il ne nous reste malheureusement aucune trace écrite fixèrent les droits et les obligations de chacun.

Suivant la coutume du Nord, le conquérant fit à ses guerriers la distribution de la terre par portions déterminées et au cordeau. Il est à croire que les nobles Francs qui avaient auparavant possédé ces fiefs se retirèrent en France et reçurent d'autres apanages ; mais les serfs attachés à la glèbe restèrent pour servir leurs nouveaux maîtres, qui ne tardèrent par à s'accoutumer aux mœurs et à la manière de gouverner de ceux dont ils venaient de prendre la place.

On se plaît à lire dans les vieux chroniqueurs la description de la félicité presque incroyable dont Rollon fit jouir ses sujets pendant les longues années de son règne. Il était parvenu à inculquer dans leur esprit une si grande horreur du vol, que, dit l'un d'eux, la chaîne d'or du prince, pendue à un chêne de la forêt voisine de Rouen, y demeura trois ans sans que personne osât y toucher, encore que ce fût une grande amorce à ceux qui s'abstiennent mal volontiers des occasions qui chatouillent leur humeur.

Devenu vieux, Rollon fit reconnaître par les chefs de son duché, ces gentilshommes de fraîche date, son fils Guillaume Longue-Épée, qu'il avait eu de Poppée, fille de Béranger, seigneur de Bayeux. Il s'éteignit en laissant après lui un état qu'il avait fondé et défendu toute sa vie avec courage. On ensevelit ses restes dans l'église Sainte-Marie de Rouen, c'est-à-dire la cathédrale.

La ville de Rouen en particulier est redevable à ce prince de plusieurs institutions utiles. Il entoura la ville d'une muraille. Il rétrécit le lit de la Seine et rendit habitable tout l'espace compris entre la place Notre-Dame et l'extrémité de la rue Grand-Pont. Plusieurs églises, telles que Saint-Martin-de-la-Roquette, Saint-Clément, Saint-Étienne, Saint-Eloi, qui avaient été bâties dans de petites îles, se trouvèrent ainsi réunies à la terre ferme.

GUILLAUME LONGUE-ÉPÉE

.

Deuxième Duc de Normandie.

925 — 942.

Presque toute la vie de Rollon avait été un combat. Le repos était pour lui une chose inconnue. Il aimait le bruit des armes, il aimait les agitations de la guerre. Son fils Longue-Épée eut les passions moins vives que son père. Il était né chrétien et duc de Normandie, il n'avait pas été obligé de trouver à tout prix un duché et une couronne. Il fut plutôt sage administrateur que conquérant.

Guillaume était dans la force de l'âge lorsque

son père lui céda la couronne. Il était fils de Poppée, la fille du comte Béranger de Bayeux, dont Rollon s'était emparé au siége de cette ville et dont il avait fait sa femme, bien qu'il ne l'ait jamais légitimement épousée selon les lois de l'Église. Mais nous verrons encore, dans la suite de cette histoire, qu'aux yeux des Normands, longtemps même après Rollon, le titre d'enfant naturel n'entraînait aucune idée fâcheuse avec lui.

Nous ne voyons pas que, pendant les cinq premières années de son règne, c'est-à-dire celles qui s'écoulèrent jusqu'à la mort de son père, la paix de ses états ait été troublée par aucun événement remarquable. Mais à peine le vieux duc eut-il disparu, que les troubles commencèrent.

La puissance dont Guillaume venait d'hériter était vaste. Elle comprenait tous le pays compris dans l'ancienne province de Normandie, plus le Maine et une petite partie de la Bretagne. Une domination si étendue ne tarda pas à faire rechercher son alliance par les princes voisins, entr'autres par Héribert de Vermandois, qui lui donna sa fille Leutgarde en mariage, et par

Guillaume Tête-d'Étoupes, comte de Poitiers, qui lui demanda et obtint la main de sa sœur Adèle.

Ce fut sous le maigre prétexte que ces amitiés étrangères feraient perdre aux Normands les mœurs de leurs ancêtres, qu'un ambitieux nommé Riulf, qui commandait dans le Cotentin au nom de Guillaume, rassembla les chefs voisins, organisa une armée de mutins et vint à leur tête camper sous les murs de Rouen, dans cette partie de la vallée où se trouve aujourd'hui l'avenue du Mont-Riboudet, le Champ-de-Foire et les jardins qui l'avoisinent. S'il faut en croire Dudon de Saint-Quentin, qui écrivait environ soixante-dix ans après l'événement, Guillaume, effrayé à la vue de cette multitude d'ennemis, déclara aux membres de son conseil qu'il allait se retirer en France, d'où il reviendrait avec des secours suffisants pour exterminer les rebelles. « Eh bien ! s'écria Bernard, un des vieux compagnons de Rollon, nous te conduirons jusqu'à l'Epte; mais tu iras seul en France. Pour nous, nous regagnerons notre patrie, puisque nous n'avons plus ici de chef ni d'appui. »

2.

Rendu à lui-même par cette allocution brusque et brève, Guillaume ne demanda plus qu'à combattre. Une troupe d'élite, composée seulement de trois cents hommes, fondit avec lui sur les révoltés, qu'elle mit dans une déroute complète. Le théâtre de l'engagement reçut dès-lors, et a retenu jusqu'à ce moment, le nom de *Pré-de-la-Bataille*. (LICQUET.)

Pendant que ces choses se passaient, Charles le Simple, dans les prisons du duc de Vermandois, avait rendu au Ciel cette âme candide qui n'était pas faite pour être l'âme d'un roi dans ces temps barbares, et Raoul, duc de Bourgogne, s'était emparé du trône de France, qu'il occupa pendant douze ans. A la mort de Raoul, les gentilshommes français qui conservaient quelque respect pour la monarchie de Charlemagne supplièrent Guillaume Longue-Épée de prêter un appui à Louis d'Outremer, légitime héritier de la couronne, pour que celui-ci pût remonter sur le trône de ses ancêtres. Guillaume replaça en effet Louis d'Outremer sur son trône; mais dans toute cette affaire il se conduisit d'une manière peu digne d'un chevalier. L'histoire le voit avec peine s'unir, suivant ses intérêts, tantôt à l'héritier de Charles le Simple, tantôt à Hugues le Grand et à Othon de Germanie, ses ennemis. Il finit sans doute par reconnaître que son intérêt, aussi bien que son honneur, devait définitivement l'attacher à la fortune du roi de France, son légitime souverain ; il fit la paix avec lui, tint, à Laon, sur les fonts baptismaux, son fils, qu'il nomma Lothaire, et rentra dans Rouen aux acclamations de toute la ville.

La période de paix qui suivit fut employée à la reconstruction de l'abbaye de Jumiéges. Ce monastère, ainsi nommé, disent les uns, parce que ses religieux gémissaient tout le jour, et, selon d'autres, par un dérivé du mot *gemma*, *pierre précieuse*, avait été fondé, au temps du roi Dagobert, par saint Philibert, et bâti sur les ruines d'un château romain. Le saint y avait construit trois églises, disposé des dortoirs pour soixante-dix religieux, et établi la règle de saint Benoît. Ses successeurs y avaient rendu de grands services à la Neustrie, jusqu'à l'arrivée des Normands, qui, dans leurs premières expéditions, détruisirent les cellules et en massacrèrent les habitants.

Mais écoutez une touchante histoire. Deux de ces vieux moines, échappés au carnage, viennent, après de longues années, visiter leur ancien séjour et s'agenouillent au pied d'un autel resté debout. Guillaume Longue-Épée, égaré à la chasse, les rencontre et lie conversation avec eux. Les vieillards lui racontent toutes leurs misères passées et la sainteté de ce lieu. En même temps ils offrent au prince ce qui restait de leur pain noir. Le duc refusa de toucher à ce pain grossier et il se remit en chasse.

Soudain, au carrefour de la forêt, un sanglier vient au prince. Le pieu que Guillaume tient à la main se brise, Guillaume est perdu!... Par un prodige qui paraît miraculeux, le sanglier passe sans toucher au prince. Alors Longue-Épée, ému, revient sur ses pas, prend place sur l'herbe à côté des deux frères et leur promet de relever leur couvent.

Il paraît que, lorsqu'il vit sa promesse accomplie et le beau monastère sorti de ses ruines, le duc de Normandie eut envie de devenir un des moines de son abbaye. En vain ses plus valeureux capitaines et ses plus savants évêques le prièrent de ne pas quitter si tôt un sceptre qui donnait la paix et l'abondance. Guillaume Longue-Épée répondait qu'il avait besoin de se reposer et de prier Dieu, qu'il voulait abdiquer comme avait abdiqué son père, et qu'enfin il avait un fils digne de le remplacer.

Ni les intérêts de sa couronne, ni les instances de l'abbé de Jumiéges ne purent jamais le faire renoncer entièrement à ce projet favori. Quand on le dépouilla de ses habits après sa mort, dit M. Licquet, on trouva suspendue à sa ceinture une petite clé d'argent d'une cassette où il conservait précieusement une soutane et un capuchon.

Sur ces entrefaites, Arnould, comte de Flandre, s'étant emparé du château de Montreuil, qui appartenait à Herluin, beau-frère de Guillaume, le prince dépossédé appelle les Normands à son aide. Guillaume accourt, rend à Herluin sa citadelle et chasse avec honte le comte de Flandre.

Arnould résolut de se venger. Tous les moyens lui étaient bons. Il demanda une entrevue à Guillaume, afin, disait-il, de faire alliance avec lui. Le lieu de la conférence était une île de la Somme, non loin de Picquigny.

Le duc de Normandie, qui était sans reproches, accepta le rendez-vous du traître. Il passa dans l'île sur deux nacelles, avec trois de ses favoris. Arnould et les siens y étaient déjà. Les deux princes s'embrassèrent et se firent bon accueil. « Après plusieurs discours et difficultés proposées par le Flamand pour allonger le temps et avancer l'heure de son mauvais dessein, on finit par s'accorder; puis, les alliances faites et les compliments rendus, les princes se séparent comme bons amis. Les Normands, joyeux, se jettent dans une nacelle, et leur duc dans l'autre, qui voguait assez lentement. Bause le Court, fils du comte de Cambray; Raoul de Cotentin, son oncle; Henri et Robert, leurs partisans, appostés par le Flamand pour l'exécution de sa perfidie, s'approchent alors et l'assurent que leur prince lui voulait dire chose d'importance, laquelle n'était venue en sa mémoire pendant leur traité. A leur simple parole, Guillaume, aussi dépouillé de tout soupçon que désarmé, rentre dans l'île et reçoit sur la tête un grand coup d'aviron que Bause le Court lui décharge, et ses complices, tirant les dagues qu'ils avaient cachées sous leurs habits de buffetin, lui donnèrent les coups de mort. »

« Les comtes de Bretagne et les plus courageux de Normandie, restés sur la rive opposée, voyaient la fin tragique de leur prince; mais, la rivière n'étant point guéable, ils ne pouvaient passer pour le secourir et courir après ces perfides. Donc, déplorant leur malheur et la perte d'un si bon duc, ils apportèrent son corps à Rouen pour lui rendre les derniers devoirs. »

Ainsi finit la vie et le règne de Guillaume surnommé Longue-Épée, à cause de sa haute taille, prince pacifique et sage. Doué du génie des conquêtes de cabinet, il sut se mêler activement aux affaires de la France et donner ainsi une grande importance politique à sa couronne. Il mourut le 10 décembre 942. Si sa vie eût été plus longue, dit naïvement son chroniqueur, on eût vu à Jumiéges un duc religieux marcher en queue des novices.

« Les nouvelles de sa mort firent prendre le

crêpe à toute la Normandie. Le clergé, la noblesse et le peuple le pleurèrent et témoignèrent, par les pompes funèbres et longue suite de deuil, l'amour qu'ils lui portaient et le ressentiment de leur perte. Pour lui payer le dernier devoir, on fit venir de Bayeux son fils Richard, qui, le regret au cœur, les larmes aux yeux et le noir aux habits, honora le convoi du corps, qui fut déposé en l'église de Notre-Dame de Rouen, dans la chapelle dite maintenant de Sainte-Anne. »

Aux portes de Rouen, sur la côte de la route de Neufchâtel, se trouve un joli village qui porte le nom de Boisguillaume. Une ancienne maison encore habitée passe pour avoir appartenu au duc de Normandie, qui aurait donné son nom au village. Les antiquaires de l'endroit n'ont pu nous dire si ce souvenir se rattachait à Longue-Épée ou au conquérant de l'Angleterre.

RICHARD Ier, SANS-PEUR,

Troisième Duc de Normandie.

943 — 996.

La mort prématurée de Guillaume laissait le trône entre les mains d'un enfant à peine âgé de dix ans. La minorité de Richard offrait aux ambitieux une occasion facile. Ils ne tardèrent pas à en profiter.

A peine les seigneurs normands, sincèrement dévoués à la famille de Rollon, eurent-ils juré foi et hommage à leur jeune duc et assuré ses vertus à venir, en lui choisissant de dignes tuteurs, que le roi de France, le même Louis IV d'Outremer à qui Guillaume Longue-Épée avait fait rendre deux fois son royaume envahi, conçut l'injuste projet de profiter de la minorité de son vassal pour recouvrer la Normandie.

Hugues, comte de Paris, offrit de l'aider dans cette entreprise, en y mettant la condition de partager les dépouilles. Toutes les mesures étant prises, Louis IV accourt à Rouen, où il avait droit de paraître en qualité de suzerain, et, sous le prétexte d'informer contre les meurtriers de Guillaume, il s'empare du jeune Richard et s'impose comme son tuteur.

Les seigneurs normands s'aperçurent aussitôt de ce qui allait arriver. Leur patriotisme se réveilla. Ils étaient tous fils et petit-fils de ces aventuriers qui avaient reçu de Rollon de bonnes terres et de beaux châteaux, ils devaient reconnaissance à sa famille, et Richard en était le seul rejeton. A peine le roi de France se fut-il emparé de lui que l'on commença à entendre des murmures de tous côtés. Un jour même ils assiégèrent son palais, et comme plus tard la mère de Louis XIV, le roi de France, pour calmer leurs soupçons, fut obligé de se montrer à une fenêtre, portant dans ses bras le noble enfant.

L'ambition ferme souvent les yeux et donne un courage frénétique. Louis IV eut celui de faire occuper par ses soldats les principales places de la Normandie, et de s'enfuir précipitamment de Rouen à Évreux, emmenant avec lui sa précieuse proie. Il montrait tant d'audace, qu'on n'osa l'arrêter ; on aima mieux faire semblant de le croire. Il voulait, disait-il, conduire Richard à Laon, pour lui faire partager l'éducation et les jeux de son fils Lothaire.

On l'y conduisit en effet ; mais Osmond, le gouverneur du jeune prince, homme instruit et prudent, remarqua avec peine que Laon était une des plus fortes places du royaume et que son jeune maître y était gardé à vue. Ses soupçons augmentèrent lorsqu'il sut que le roi de France, au lieu de punir Arnould, comte de Flandre, du meurtre de Guillaume Longue-Épée, venait de déclarer qu'il avait bien mérité de la patrie.

Cependant, comme si tout était tranquille,

Osmond semble s'occuper uniquement de l'éducation de Richard. Il lui enseigne le maniement des armes, le fait-monter à cheval, et le jette dans tous les tumultes de la chasse. Un jour même son élève et lui allèrent si loin, que le roi de France, fort inquiet, fit courir après son prisonnier et le fit ramener violemment. Sa colère alla même jusqu'à menacer Richard de le faire énerver, supplice affreux à l'usage des rois détrônés. C'était plus qu'il n'en fallait pour confirmer les pressentiments d'Osmond. Dès ce moment il ne songea plus qu'à fuir.

Intelligent et plein de courage, le petit Richard se met au lit. Il refuse toute nourriture et devient pâle et blême comme un enfant qui va mourir. Ses gardes, le voyant si malade, se relâchent un peu de la surveillance; ils ne font plus sentinelle à sa porte; un jour même qu'il y avait fête au château, et que les ménestrels, dans les salles basses, chantaient aux varlets et aux pages leurs plus joyeux refrains, Osmond s'aperçoit qu'il n'y a plus personne dans les corridors. Aussitôt il entre chez le jeune Richard, l'enveloppe dans une botte de foin, l'attachant sur la croupe d'un cheval, et, déguisé lui-même en palefrenier, il sortit ainsi de la ville de Laon, sans que personne lui barrât le passage, et emporta au galop son précieux fardeau jusqu'à Senlis. Le comte de Senlis et le seigneur de Coucy, réveillés par cette bonne nouvelle, promettent de prêter main forte au jeune duc, et toute la Normandie poussa un cri de joie à la nouvelle de cette délivrance.

Les seuls qui ne se réjouirent pas furent le roi de France et Arnould. Celui-ci avait toujours à craindre que Richard ne vînt lui demander raison du meurtre de son père. Il pressa le roi de déclarer la guerre à la Normandie. L'ambitieux Hugues de France joint ses instances aux siennes. Enfin, Louis IV entre en campagne.

Le danger était grand. Les Normands, avec cette finesse d'intelligence qui les caractérise, comprirent qu'ils ne pouvaient se défendre que par la ruse. Pour rétablir les chances de la guerre, il était important de briser l'alliance entre le comte Hugues et le roi Louis.

Bernard, le chef de la maison d'Harcourt,

s'avance au-devant du roi de France, avec tout le clergé et toute la noblesse. Il vient lui offrir la soumission de la ville de Rouen. Les guerriers paraissent ne vouloir plus combattre que sous l'oriflamme. Recevez, disent-ils, une fertile province qui, venue de vos ancêtres, se range librement sous votre sceptre.

Le roi se laissa prendre à ces démonstrations. Il descendit dans la maison du comte d'Harcourt, qui, à la fin du dîner, lui adressa le discours suivant : « Je suis triste et joyeux, sire : joyeux de voir que désormais la Normandie fleurira sous votre sceptre, et triste d'entendre que vous vous soyez dépouillé de la plus belle, plus riche et plus grande partie, pour en investir le comte de Paris, agrandir sa maison et servir de marchepied à son ambition. Désormais, quand Hugues voudra empiéter une partie de votre sceptre et courir sur le ventre de vos armées, la noblesse normande lui ouvrira le chemin. Vingt mille hommes sages et valeureux, jadis le bras droit de Longue-Epée, seront armés contre vous au premier son de la trompette. Cherbourg, Saint-Lô, Avranches, Coutances, Bayeux, Caen, Lisieux, Alençon, Falaise, Séez, Evreux, les meilleures villes de la Normandie, sont incloses en la part que vous lui faites, et penser les remettre en vos mains après qu'elles auront reconnu Hugues pour seigneur, ce serait croire l'impossible facile. Repassez un peu, sire, par votre mémoire combien de fois cet ambitieux a voulu déjà s'élever et entreprendre sur vous, et vous jugerez comment, plus riche d'hommes, de places fortes et de biens, il abaissera les cornes de son ambition et vous obéira. Non, sire, ne permettez pas que ce pays, le plus fertile du monde, qui se jette entre vos bras et vous reçoit pour seigneur, tombe en la puissance de votre ennemi. Plutôt, sans permettre qu'il le ruine davantage, ajoutez à votre couronne ce beau fleuron de la Normandie tout entier. »

Ce discours, non moins que la soumission apparente de la Normandie, jeta dans l'âme du roi de France une confiance si entière, qu'il écrivit au comte Hugues, pour qu'il eût désormais, lui Hugues le Grand, à renoncer à l'entreprise commencée, puisque la Normandie recevait le roi de

France à bras ouverts, et qu'ainsi le roi n'avait besoin de personne pour la soumettre. Le comte de Paris obéit; mais dès ce moment Louis IV eut un ennemi de plus et un puissant auxiliaire de moins. C'était ce que les Normands avaient prévu.

A leur tour ils font faire des propositions à Hugues, qui les accepte; vingt-deux navires leur apportent une armée de Danois auxiliaires, sous les ordres du redoutable Aigrold, et la guerre est déclarée à la France.

Le roi, pris à l'improviste, fut obligé de livrer bataille. Ses soldats furent tous tués et mis en déroute, dans les environs de Croissanville, et le roi fait prisonnier. Après l'action, les Danois s'arrêtèrent à dépouiller les morts. Les cavaliers chargés de garder le roi de France, épris du désir de butiner comme les autres, l'abandonnèrent pour aller au pillage. Le roi se sauva. Il entrait déjà dans la forêt de Touques, quand un cavalier rouennais le reconnut et le prit. Louis, tombé d'un péril dans l'autre, pour éviter la mort, conjure le cavalier de le sauver et de le conduire à Laon, en lui promettant de grandes richesses et les plus belles charges de sa cour. Le cavalier, aveuglé par de si belles promesses, oublie ce qu'il doit à sa patrie, et lui promet de le sauver. Il le conduit dans une maison qu'il avait dans une île près de Rouen. Cependant celui qui s'était d'abord chargé de la garde du roi de France s'aperçoit que son prisonnier s'est échappé. Il le fait chercher, le trouve et le remet en prison.

Le jeune duc de Normandie fait son entrée solennelle dans sa capitale au milieu des feux et des cris de joie.

Une conférence a lieu à Saint-Clair-sur-Epte. Louis, Richard et Hugues y assistent. On y stipule que le roi de France renonce à ses prétentions, reconnaît Richard comme duc de Normandie, l'exempte du service militaire et consent à donner en otage ses deux fils Louis et Carloman.

Hugues, admirant sans doute combien la captivité du roi à Rouen avait changé la fortune tout-à-l'heure si précaire de la Normandie, veut aussi, lui, profiter de l'occasion et retient Louis prisonnier.

La reine, alarmée, court en Allemagne implorer le secours d'Othon, son frère. Celui-ci s'unit à Arnould, comte de Frandre, le meurtrier de Guillaume Longue-Épée, pour secourir l'héritier du trône. Une armée considérable s'avance et met le siége devant Senlis. Après avoir échoué devant cette ville, elle se dirige vers Paris. Les Parisiens firent une vigoureuse résistance et forcèrent les coalisés à se retirer. Ceux-ci, ne pouvant se venger de Hugues, résolurent de faire au moins payer chèrement à Richard, son allié, les secours qu'il lui avait fournis.

Ils s'emparent de Pontoise, ravagent le Vexin et s'approchent de Rouen. Les Normands vont au-devant d'eux jusqu'à Bihorel. Une bataille s'engage : au milieu de l'action, Richard tue de sa propre main le neveu de l'empereur, en s'écriant : « Si je perds mon pays, au moins ce ne sera pas de toi. » Malgré la valeur du jeune duc, le succès demeura incertain.

Les habitants de Rouen avaient tout préparé pour une vigoureuse résistance. Othon perdit bientôt l'espoir de s'en emparer. Il délibéra alors s'il ne devait point abandonner le siége qu'il avait entrepris. Arnould craignit d'être abandonné par Othon et livré aux Normands, qui lui auraient fait payer cher l'assassinat de leur duc. Il décampa pendant la nuit avec toutes ses troupes, et cette puissante coalition n'eut d'autre fruit que la liberté du roi. On dit qu'en apprenant cet heureux triomphe, Hugues le Grand s'écria, en s'adressant à ses fils : « Je désire, mes enfants, que vous formiez vos plus belles actions à l'air de celles du duc de Normandie, et que son bon conseil soit la règle de votre prudence. »

La paix générale ayant été conclue à Senlis (952), par l'intervention du pape, le comte de Paris voulut reconnaître les services de son fidèle allié Richard, en lui confirmant la promesse qu'il lui avait faite de la main de sa fille Emma. Cette princesse était très-jeune ; mais, « dans la verdeur de son printemps, elle montrait les fleurs d'une grande beauté. »

Le roi de France mourut deux années après, laissant pour successeur son fils aîné, nommé Lothaire. Le comte de Paris aurait pu s'emparer de la couronne ; mais il aima mieux régner sous le nom du jeune roi. Il se trouva ainsi maître de presque toute la France ; mais il ne jouit pas longtemps du pouvoir. Il mourut en 956, après avoir donné le duc de Normandie pour tuteur à ses enfants.

Richard se trouva ainsi, pour un moment, héritier de la puissance de Hugues. Maître de la Normandie et des états du comte de Paris, il fut le véritable chef de la France.

Alarmés de la puissance de Richard, les princes voisins essayaient de se défaire de lui. La reine-mère, de son côté, lui cherchait partout des ennemis. Elle s'adressa à Thibault, comte de Blois, et au comte de Flandre, Arnoult, qui saisissait toutes les occasions pour attaquer les Normands. Une coalition presque aussi redoutable que la première fut formée contre Richard.

La Normandie fut attaquée à l'est par les Flamands et par les partisans de Lothaire. Les coalisés voulurent passer la petite rivière d'Eaulne ; mais ils furent battus. Baudouin, fils d'Arnoult, fut blessé et mourut peu de temps après.

Au midi, la Normandie fut envahie par Thibault, qui s'empara de la ville d'Évreux; l'ennemi s'avança même jusqu'aux faubourgs de Rouen. Mais il fut repoussé par Richard et forcé de se retirer.

Les coalisés, se voyant battus, appelèrent à leur secours le comte de Perche et le comte d'Anjou. Les Normands, de leur côté, qui se voyaient menacés de toutes parts, appelèrent à leur secours leurs compatriotes du Nord, ainsi qu'avait fait Guillaume Longue-Épée.

Les guerriers danois débarquèrent à l'embouchure de la Vire. Ils se répandirent dans les états du comte de Chartres et y firent la guerre à leur manière, c'est-à-dire qu'ils pillèrent et brûlèrent tout, au point, dit Guillaume de Jumiéges, qu'on n'entendait plus un seul dogue aboyer dans le comté de Thibault.

Il fallut céder. On députa vers Richard. On intéressa ses sentiments religieux au rétablissement du calme et de la paix. Il y consentit. Évreux lui fut rendu. Les Danois remontèrent sur leurs barques, chargées de vivres, et ils cinglèrent vers l'Espagne.

Le nouveau triomphe du duc Richard de Normandie fut suivi d'une longue paix. A l'abri de toute attaque, il put contempler paisiblement les événements qui se passaient dans les pays voisins et les diriger selon ses intérêts.

C'est peut-être pendant ce temps que, son épouse Emma étant morte, un jour qu'il faisait la chasse dans les bois qui avoisinent Arques, il fut loger un soir chez un forestier à Sarguille et devint amoureux de sa femme. Mais celle-ci, aussi prudente que chaste, supposa en sa place sa sœur Gonnor, qui, belle d'esprit et de corps, sut si bien ménager les bonnes grâces du duc, qu'il en fit sa maîtresse et ensuite son épouse.

Les arts de la paix trouvèrent dans Richard un protecteur éclairé. Il augmenta le monastère de Saint-Ouen, agrandit la cathédrale de Rouen, bâtit l'église de Fécamp et fit rééedifier l'abbaye de Fontenelle ou Saint-Wandrille. Heureuse fantaisie qu'avaient alors les plus grands monarques d'attacher leur nom à quelques-unes de ces fondations pieuses, où il est si doux de rencontrer, dans ces époques de barbarie, un peu de solitude au milieu du bruit, la prière au milieu de ces mœurs débordées, la science et l'étude au milieu de cette ignorance profonde, de cette nuit des esprits et des âmes !

Les dernières années de Richard furent témoins de l'un des plus grands événements politiques de ces temps-là : je veux parler de l'usurpation des Capétiens sur la famille de Charlemagne pour le trône de France.

Après la mort de Lothaire (986), son fils Louis V lui avait succédé. Ce prince ne vécut qu'un an sur le trône. La couronne appartenait à Charles, duc de Lorraine. Mais le nouveau comte de Paris, Hugues, plus ambitieux que ne l'avait été son père, se fit proclamer roi dans Paris et soumit par la force ceux des seigneurs qui s'opposaient à son avénement. Richard le servit imprudemment dans cette affaire, en lui soumettant la Flandre et le Vermandois. L'amitié qu'il gardait à son ancien pupille l'entraîna, dans cette circonstance, au-delà de la prudente circonspection si habituelle aux Normands. Nous verrons plus tard les successeurs de Capet élever sur la Normandie les mêmes prétentions que les Carlovingiens.

L'année 996 vit enfin s'éteindre le vieux duc de Normandie, que les historiens ont nommé Sans-Peur. Il avait régné cinquante-quatre ans.

Sentant sa mort approcher, il s'était fait construire un tombeau dans sa bien-aimée ville de Fécamp, non dans l'église, mais dehors et sous une gouttière, afin, disait-il, que la pluie lavât son corps sale de tant de péchés. Ce palais mortuaire achevé, il ordonna que, pendant le reste de ses jours, on le remplît tous les vendredis de froment, pour le distribuer aux pauvres avec cinq sous; « ce qui fut fait pour le bien desdits pauvres et le salut de son âme. »

« Ce prince était de riche et haute taille, avec le visage vermeil, la barbe longue et les cheveux épais. C'était le père nourricier des religieux et des pauvres, le soutien du clergé, le tuteur des orphelins, l'ennemi des superbes et l'amour des humbles. »

Il laissa de Gonnor six enfants, parmi lesquels Richard, qui lui succéda; Robert, archevêque de Rouen; Emma, qui fut mariée à Ethelred, roi d'Angleterre; Havoise, à Geoffroi, duc de Bretagne, et Mathilde, qui épousa Eudes, comte de Chartres.

RICHARD II,

Quatrième duc de Normandie.

996 — 1026.

Lorsque Richard II monta sur le trône, la France avait changé de maître. La maison des Carlovingiens venait de s'éteindre dans la faiblesse pour faire place à un officier parvenu. L'Europe entière était dévorée de scandales et de crimes, et ceux qui restaient encore fidèles à la religion de Jésus-Christ, reconnaissant, à ces tristes symptômes, l'époque marquée pour l'apparition de l'Anté-Christ, n'attendaient plus que la fin du monde.

Le cardinal Baronius n'a point assez de larmes à répandre sur ce siècle de fer, de plomb et de ténèbres. L'abomination de la désolation avait pénétré jusque dans le sanctuaire. On vit des chefs de monastère, oubliant les devoirs de leur profession, se jeter dans le tourbillon des plaisirs mondains, déposer l'habit religieux, se parer de riches vêtements et passer à la chasse au faucon le temps destiné pour la prière.

Toutes les calamités passèrent à la fois sur ce malheureux siècle. La plus déplorable, parce qu'elle enfante ordinairement toutes les autres, ce fut l'épaisse ignorance du peuple, des seigneurs et même des ecclésiastiques. De l'ignorance découlaient naturellement la superstition, la cruauté et la violence. « Sire, écrivait alors Adalberon, un saint évêque, au roi Robert de France, fils de Hugues-Capet, voyez comme les lois languissent : plus de paix, d'ordre, ni de mœurs ; si vous ne rassemblez les grands pour qu'ils corrigent les abus, il n'y a plus d'espérance. » A ces paroles, le roi Robert répondait : « Quand l'Éternel aura permis à la Loire de se frayer un passage vers les champs calabrais, aux fleuves de l'Asie d'arroser les plaines espagnoles, à la rose de fleurir sur les sommets de l'Etna, au lis de croître dans les marais, alors, évêque Adalberon, vous pourrez voir vos vœux s'accomplir. »

Qu'il est doux, au milieu de cette barbarie et de cette corruption, de voir apparaître ces deux nobles figures amies de Robert et de Richard II, que leurs contemporains ont surnommés l'un le Pieux, l'autre le Bon !

Le caractère de Richard réunit en lui deux qualités bien opposées : l'humilité du chrétien et la fierté du prince. Le chrétien, en habit de pénitent, se prosternait au pied des autels. Le prince, la hache à la main, défiait ses ennemis et défendait son noble héritage contre les ambitieux de tout genre.

Dès la seconde année de son règne il vit éclater la révolte des paysans. Ce fait mérite d'être cité dans l'histoire du royaume. C'est la première fois qu'il se présente. Les habitants des villages, excités sans doute par les vexations de leurs seigneurs, chez qui la débauche avait détruit, comme il arrive toujours, jusqu'aux premiers sentiments de l'humanité, prennent la grande résolution de secouer leurs chaînes de servage et forment des rassemblements sur divers points.

Ils affichent la prétention de s'affranchir du pouvoir des seigneurs, d'user des avantages que présentent les bois et les eaux, et de n'obéir qu'à des lois qu'ils auront sanctionnées eux-mêmes. Une grande assemblée centrale devait, selon leur projet, servir de corps législatif et recevoir les députés des communes.

L'entreprise était grande, mais trop neuve pour réussir. Les esprits ne s'étaient point encore faits aux idées d'indépendance. L'humble serf, penché sur la glèbe, avait appris de son curé qu'il fallait obéir aux puissances ; la révolte échoua. Richard, furieux, signala sa vengeance par des supplices destinés à épouvanter les masses. On arracha les dents aux uns, on coupa les poignets aux autres, on empala, on brûla vif tout ce qu'on put découvrir comme conspirateurs. L'association fut poursuivie dans ses plus intimes retranchements. Il fallut céder, rentrer dans le devoir et partout se soumettre.

A peine échappé à ce premier péril, Richard en vit surgir un autre. Guillaume, son frère naturel, comte d'Exmes et de Brionne, lui refusa l'hommage-lige que, d'après les lois de ce temps, tout vassal devait à son seigneur. Les mécontents qui avaient pris part à la dernière révolte se joignirent à lui. La querelle se vida dans une bataille. Le coupable fut fait prisonnier et enfermé dans la tour de Rouen, bâtie par Richard Ier et appelée dans la suite la Vieille-Tour. Elle s'élevait sur la place qui porte encore aujourd'hui ce nom, et la Seine en baignait les pieds.

Après cinq ans de captivité, Guillaume s'échappa par une fenêtre au moyen d'une longue corde que lui avait fait passer un chevalier de ses amis. Une fois libre, il marcha tout le jour et toute la nuit, et le lendemain, demi-mort de faim et de fatigue, il vint tomber près d'un chêne dans la forêt de Verneuil. — Ce jour-là, le duc Richard était à la chasse. La meute hurlante passa sur le corps de ce pauvre homme couché sur l'herbe. O surprise ! Le duc Richard reconnaît son propre frère. — Cette fois il tendit ses bras à Guillaume, et les deux fils de Richard Sans-Peur rentrèrent ensemble dans le palais de leur père.

Richard jouissait à peine depuis quelques années des douceurs de la paix, qu'il eut à reprendre les armes pour voler au secours de son ami Robert de France. Voici à quelle occasion (1002).

Henri, duc de Bourgogne, oncle de Robert, étant mort sans enfants, le roi de France héritait naturellement des domaines du défunt; il voulut se faire reconnaître; mais les vassaux étaient parvenus à un tel état d'indépendance, le pouvoir de celui qu'on appelait le roi de France était descendu si bas, que Robert ne fut reconnu par personne. Le roi de France s'adressa alors au fils de son ancien tuteur. Richard entre en Bourgogne avec une armée de trente mille hommes et va mettre le siége devant Auxerre. Un prétendu miracle arrêta cette expédition, et les retards de Robert furent cause qu'il lui fallut quatorze années de guerre pour assurer à sa famille la possession de cette illustre province.

L'expédition de Bourgogne n'était pas terminée, que Richard en avait une autre sur les bras. Ethelred, ce roi d'Angleterre qui avait épousé la sœur de Richard, était un prince d'un caractère pusillanime et irrésolu. Il se dégoûta bientôt des charmes d'Emma et l'abandonna pour de viles courtisanes. La princesse délaissée se plaignit à son frère. Richard fit de vives représentations, à la suite desquelles Ethelred, se croyant offensé, envoya une flotte ravager la Normandie. Mais Nigel, qui commandait le Cotentin, où ils débarquèrent, lança contre eux une population exaspérée, et, les femmes secondant leurs maris dans la défense de leur territoire, la flotte, battue, écrasée, retourna au plus vite en Angleterre.

Le récit de cette défaite exaspéra Ethelred, et, dans sa fureur, s'en prenant aux Danois qui s'étaient établis çà et là en assez grand nombre, sur ses terres, il en ordonna un massacre général, qui fut exécuté la veille de la Saint-Brice. — Aussitôt, des rives de la Baltique accourt une nuée d'autres Danois, qui vengèrent leurs frères et le duc Richard, en dépouillant Ethelred d'une partie de ses terres.

Pendant que ces choses se passaient en Angleterre, Richard entrait pour la quatrième fois en campagne. C'était encore contre un de ses beaux-frères. J'ai dit que le comte de Chartres, Eudes, avait épousé Mathilde, sœur de notre duc Richard II. La princesse avait reçu en dot la moitié du domaine de Dreux. Après quelques années de mariage, elle mourut sans enfants. Richard réclama la dot de sa sœur, et, sur le refus du comte de Chartres, la guerre fut déclarée entre les deux beaux-frères.

Richard commença à construire sur la rivière d'Aure un fort qu'il nomma Tillières. Eudes se présenta devant la place avec des troupes nombreuses. Nigel, dont il a déjà été parlé, et qui commandait pour le prince, sortit aussitôt à sa rencontre et le contraignit à fuir ; mais, tout en reculant, le comte de Chartres ne renonçait pas à ses prétentions. Richard résolut d'employer, pour l'y contraindre, un moyen déjà mis en œuvre par ses prédécesseurs. Pour la troisième fois, la Normandie va recourir à ses amis septentrionaux, d'autant plus facilement aujourd'hui qu'ils sont en Angleterre et qu'ils ont peu d'espace à parcourir pour arriver. En effet, il suffit aux étrangers de se montrer pour produire l'effet que Richard attendait de leur présence. Le roi Robert se hâta de faire conclure la paix, et le duc de Chartres fut trop heureux d'abandonner ses prétentions.

Peu après ce nouveau triomphe (1017), Richard, ayant perdu sa première épouse, Judith, sœur de Geoffroi de Bretagne, épousa Papie, fille d'un seigneur neustrien, dont les deux frères se firent moines à Fontenelle.

Cette même année un cavalier normand nommé Drogon, qui revenait de Terre-Sainte avec quarante de ses compatriotes, car en ce temps-là les pèlerinages étaient fréquents, s'arrêta en Sicile, et le duc de Salerne, à qui ces aventuriers ne déplaisaient pas, les fit inviter à venir se reposer chez lui quelques jours. « La proposition fut acceptée comme elle était faite, vite et bien. On se réunit, on se met à boire, à raconter des histoires étranges, des actions fabuleuses et quelques-uns de ces formidables coups d'épée qui n'étonnaient personne, lorsqu'au milieu du festin, Drogon crut entendre dans la pièce voisine le bruit de l'or et de l'argent. C'était en effet le tribut que la Sicile payait chaque année aux Sarrasins : on comptait l'argent et on le pesait dans la salle voisine. « Mon hôte, s'écria Drogon, que fait-on là, et qu'est-ce que la musique que j'entends? — C'est une musique d'argent et d'or, lui dit le duc de Salerne, une musique qui nous coûte cher et dont nous n'aurons que le son : car déjà vingt vaisseaux arrivent sur nos côtes pour emporter cet argent et cet or.— Par Dieu! dit le Normand, voilà une trop belle harmonie pour de pareils mécréants ; il ne sera pas dit qu'ils en auront toute la joie. Achevons cependant notre fête, et demain mes compagnons et moi nous irons recevoir ces avides Sarrasins. » En effet, les Sarrasins accouraient au nombre de vingt mille. Ils arrivaient sans défiance comme des gens qui n'ont qu'à peser de l'or et à l'emporter dans leurs vaisseaux. Ils furent reçus à coups d'épée, à coups de lance, et pendant qu'ils se demandent quels étaient ces ennemis inattendus, le Normand en fit une horrible boucherie. En même temps la ville de Palerme tout entière battait des mains au courage de ces étrangers. Les gens de la Sicile ne laissèrent qu'à regret partir leurs libérateurs. Cet or et cet argent destinés aux Sarrasins, ils prièrent les Normands de l'emporter comme un témoignage de leur reconnaissance, et ceux-ci ne se firent pas trop prier. Leur retour fut un véritable triomphe, et le butin qu'ils apportaient souleva toutes les imaginations. — Telle fut l'origine de la puissance que les Normands devaient plus tard exercer en Sicile. » (J. JANIN, *la Normandie*.)

Cependant le roi d'Angleterre Ethelred, devenu odieux par sa cruauté, venait d'être chassé du trône et remplacé par le Danois Swin. Le monarque fugitif vint, avec sa femme et ses enfants, demander asile à Richard, à qui, quelque temps auparavant, il avait déclaré la guerre, et disons à la louange du duc de Normandie, il y trouva toutes les consolations que peut offrir une hospitalité généreuse.

Swin meurt après un an de règne. Les Danois proclament Canut à sa place ; mais les seigneurs anglais refusent de le reconnaître et rappellent Ethelred.

Voici donc Canut aux prises avec Ethelred, ou plutôt avec Edmond, fils de celui-ci ; car Ethelred lui-même se montre aussi indolent et inhabile que par le passé. Edmond soutint d'abord le fardeau de la guerre ; mais il eut à combattre tout à la fois la lâcheté de son père, les forces de Canut, les trahisons de l'infâme Edric, et mourut enfin assassiné. Canut, devenu seul maître, essaya de désintéresser Richard en épousant sa sœur Emma, la veuve d'Ethelred ; mais la cause de ses enfants demeurait à venger et ne devait pas attendre longtemps.

Nous nous sommes un peu étendu sur ces détails, pour mettre le lecteur en état d'apprécier l'origine des raisons ou du moins des prétextes qui poussèrent les Normands en Angleterre et leur ouvrirent les portes de ce redoutable royaume. Revenons maintenant à notre histoire.

Pendant tous ces troubles et toutes ces guerres, le duc Richard se faisait vieux, sans toutefois perdre rien de sa bravoure. C'est pourquoi, ayant appris que le comte-évêque de Châlon et d'Auxerre avait surpris dans une ambuscade et retenait prisonnier son gendre Renaud, seigneur d'une province de Bourgogne, et ne pouvant le poursuivre lui-même, à cause de son grand âge, il envoya, à la tête d'une armée, son second fils Robert, celui qu'on appela plus tard le Diable. Robert entra en Bourgogne et mit à feu et à sang le comté de Châlon. Hugues s'aperçut trop tard qu'il avait eu tort de lutter contre la Normandie, et, pour sauver sa vie et ses biens, il se soumit à l'humiliation la plus forte qui pût être imposée à un chevalier : il se présenta à son jeune adversaire une selle sur le dos et une bride à la bouche, dans l'attitude d'un cheval prêt à être monté, afin, dit la chronique, que son vainqueur le chevauchât, s'il lui plaisait.

Richard II régnait depuis trente ans environ, lorsque, affaibli par l'âge et la maladie, il appela auprès de lui les principaux chefs de l'état et leur annonça qu'il sentait sa fin prochaine. A cette nouvelle, dit un chroniqueur contemporain, une douleur profonde s'empara de l'assemblée. Les moines et les clercs poussaient de lugubres lamentations. Les guerriers inondaient leur visage de larmes ; les pauvres en grand nombre se désolaient par la ville en songeant à la perte qu'ils faisaient d'un père si chéri et d'un chef si invincible.

Le moribond se hâta de faire reconnaître, par

les prélats et les chefs qui l'entouraient, son fils aîné Richard comme duc de Normandie; puis il expira. Il fut inhumé, conformément à ses intentions, auprès de son père (1026).

Les historiens ecclésiastiques de cette époque l'ont surnommé le Bon. Richard, en effet, combla de biens le clergé de Normandie.

Il fut un des nombreux bienfaiteurs de Saint-Wandrille. Saint-Wandrille, autrefois Fontenelle, est un des plus beaux monastères de Normandie, dans une vallée ombreuse, tout proche de Caudebec. Il eut pour fondateur Wandrille, parent de Clotaire Ier (645). Brûlé et rebâti plusieurs fois pendant la guerre, il sortit une dernière fois de ses ruines sous le prince ami de la paix dont nous écrivons la vie.

Jumièges n'eut pas moins à s'applaudir de ses libéralités. Il se rendait à l'abbaye deux ou trois fois chaque année. Un jour, à l'offrande, le puissant duc, qui donnait d'ordinaire un marc d'or ou d'argent, mit aux oblations un petit morceau d'écorce d'arbre : ce morceau d'écorce représentait le bois et le manoir de Viennonois.

Mais ce fut surtout le monastère de Fécamp qui fut l'objet de ses affections. Il y ajouta plusieurs bâtiments, fit venir de Dijon de nouveaux religieux et les exempta de la juridiction épiscopale, après avoir obtenu cette grâce des prélats réunis de toute la province. Le roi Robert avait été invité à assister à cette cérémonie. Ce fut probablement en cette circonstance que Richard lui fit accepter un vase d'argent sur lequel était ciselée une figure de cerf.

Chaque année, le jour de Pâques, le duc venait visiter sa chère fille, ainsi qu'il appelait l'abbaye. Après la messe, il déposait sur l'autel une corbeille ornée de riches présents. Il se rendait ensuite avec ses fils au réfectoire, pour y servir les religieux.

Souvent il prenait plaisir à assister aux offices, et s'y rendait sans être connu. On raconte qu'un jour, s'étant levé trop matin et ayant trouvé la porte fermée, il réveilla le sacristain en secouant la porte. Mais celui-ci, indigné de ce tapage, se lève, saisit aux cheveux le perturbateur de son repos, lui donne plusieurs coups et le renvoie sans prononcer un mot. Richard, qui était caché sous un habit plébéien, endura cet affront sans se faire connaître et le lendemain octroya au coupable le revenu du bourg d'Argences, pour avoir, disait-il, malgré sa colère, chassé son ennemi sans rompre le silence.

Cet abaissement volontaire d'un personnage aussi puissant que l'était Richard n'a rien qui doive nous étonner. Il est en tout conforme à l'esprit de l'époque. Pendant que le duc de Normandie assistait dévotement aux offices de ses moines, le roi Robert de France, vêtu d'une chappe, chantait lui-même au lutrin de Saint-Denis.

Richard laissa de sa première femme Judith trois fils et trois filles : Richard III, Robert, Guillaume, qui fut moine; Adèle, mariée à Renaud; Éléonore, qui épousa Baudouin de Flandre. La dernière n'est pas nommée. Papie, sa seconde épouse, lui donna deux fils : Guillaume, qui construisit le château d'Arques, et Mauger, archevêque de Rouen.

RICHARD III,

Cinquième duc de Normandie

1026 — 1027.

Richard eut pour successeur son fils aîné Richard III. Robert, son autre fils, avait reçu le comté d'Exmes, à charge d'hommage ; mais il ne voulut pas se soumettre à son frère aîné et se jeta dans le château de Falaise, où il espérait opposer une résistance efficace.

L'événement trompa son espoir ; Richard vint l'assiéger, fit jouer ses machines de guerre contre les murs de la forteresse et contraignit Robert à la soumission. La paix rétablie, Richard III ramena ses troupes à Rouen. Peu de jours après, la mort le frappa subitement, ainsi que plusieurs de ceux qui l'accompagnaient. La rumeur publique dénonça un crime dans cet événement, qu'elle attribua au poison, et Robert fut le premier accusé. Richard III fut inhumé à Saint-Ouen de Rouen.

Le duc mourant laissait un fils nommé Nicolas, qui était encore au berceau. Personne ne réclama pour le jeune prince. Robert s'empara du pouvoir. Nicolas fut envoyé à Fécamp, où on le fit moine. Plus tard il devint abbé de Saint-Ouen et passa ses jours près du tombeau de son père.

Pourquoi ce fils ne succéda-t-il point à Richard? C'est une question, dit M. Licquet, dont je ne me rappelle pas avoir vu la solution. On a dit que Nicolas était un enfant naturel : la chose n'est point avérée, et, fût-elle certaine, ce n'eût pas été une cause d'exclusion en Normandie. Nous en avons déjà vu et nous en verrons encore des exemples. On a dit encore qu'il était au berceau : ce n'eût été qu'un faible motif et un mauvais raisonnement dans le cas où le droit d'hérédité eût été fortement établi dans le duché. Mais là, si je ne me trompe, est la question tout entière. Les faits ont prouvé et prouveront encore plus tard que le duc avait la faculté de désigner son successeur en obtenant néanmoins la sanction des grands du pays. Nous avons vu Rollon, Guillaume Longue-Épée, Richard I et Richard II, user de ce droit. Richard III, étant mort subitement, se trouva dans l'impossibilité de rien faire en faveur de son fils, et les seigneurs, libres ou intimidés, élurent Robert, oncle de Nicolas et frère du souverain décédé. De tout ceci nous pouvons conclure que le gouvernement de Normandie, comme celui de France à la même époque, n'était ni tout-à-fait héréditaire, ni tout-à-fait électif, mais d'une nature mixte, tenant à la fois de l'une et de l'autre condition. »

Richard n'avait pas régné une année entière. Le savant M. Deville place l'époque de sa mort au 6 août 1027.

ROBERT Ier, LE MAGNIFIQUE,

Sixième duc de Normandie.

1026 — 1035.

Le fameux Robert le Diable, sur qui les nourrices normandes content des légendes si merveilleuses, n'est autre que Robert Ier le Magnifique, dont nous écrivons la vie.

Le nouveau duc avait déjà donné des preuves de sa bravoure dans son expédition contre l'évêque d'Auxerre dont nous avons raconté les détails ; on l'accusait aussi d'en avoir donné de son ambition en faisant assassiner son frère.

Aussi bien ne fut-ce point sans de grands travaux qu'il vint à bout de s'asseoir paisiblement dans son palais ducal et de dormir dans le lit de Richard III.

A peine eut-on proclamé son avénement, qu'une ligue se forma, ligue puissante, dans laquelle trempèrent l'archevêque de Rouen, son oncle; Hugues, évêque de Bayeux, son cousin : Guillaume de Bellesme, comte d'Alençon, également son cousin, et Alain, duc de Bretagne, qui avait épousé sa sœur. Cette quadruple insurrection n'eut d'autre suite que la soumission de ses chefs.

L'archevêque de Rouen, assiégé dans sa ville d'Evreux, fut obligé de l'abandonner et d'aller chercher un asile auprès du roi de France. En partant il frappa la Normandie d'excommunication. C'était la première fois que les foudres de l'Église tombaient sur la province. Cet interdit n'eut pas de suites. Les moines amis de Robert se hâtèrent de rétablir l'harmonie.

La révolte de l'évêque de Bayeux fut encore moins importante. Il fit fortifier son château d'Ivry et se sauva en France. Le duc de Normandie s'empara de la place, la garda et laissa l'évêque revenir sur son évêché.

Le troisième révolté était Guillaume de Bellesme, surnommé Talvas, probablement à cause de la forme de son bouclier. Guillaume était le chef d'une famille orgueilleuse et guerrière dont la bravoure avait toute la férocité de la chevalerie normande au onzième siècle. Il possédait plusieurs places fortes, dont la plus remarquable était le château de Domfront, au haut d'une roche escarpée couronnée de bois. Malgré l'avantage de la position, il ne put résister longtemps à l'armée de Robert. On l'obligea, comme l'évêque d'Auxerre, à se présenter suppliant, nu-pieds, et une selle sur le dos, devant son vainqueur. Les quatre fils de Guillaume continuèrent la guerre après la défaite de leur père. Robert vint à bout de les soumettre, et ils périrent tous, à l'exception du plus jeune.

Restait encore à soumettre le plus puissant des rebelles, Alain, duc de Bretagne. Robert commença par faire élever sur les limites de ses domaines le château de Charrues, ainsi nommé à cause de sa position au milieu de vastes plaines.

La garnison reçut ordre d'en sortir fréquemment, ravageant, pillant et brûlant, selon la tactique alors en usage. Quand il crut la leçon assez forte, Robert, chargé d'un immense butin, revint en Normandie.

Mais le Breton ne se tenait pas pour vaincu. Il entra à son tour dans le territoire d'Avranches, résolu de faire payer cher les bravades de Robert. Heureusement pour le duc de Normandie, deux guerriers redoutables, Nigel et Alfred le Géant, se trouvèrent là à temps pour s'opposer à ses desseins et lui égorgèrent ses soldats comme des moutons.

Alain vaincu n'en devenait que plus à craindre. Robert aperçoit le danger. Il envoie une flotte débarquer au Mont-Saint-Michel, met en campagne une forte armée de terre et, sous cette double menace, fait faire des propositions de paix par Mauger, nouvel archevêque de Rouen. Le prélat eut l'adresse de réconcilier les deux princes et de faire reconnaître par le duc de Bretagne la suzeraineté du duc de Normandie.

Parvenu à consolider sa puissance, Robert devient l'arbitre de ses voisins. Sa cour hospitalière devint l'asile des princes opprimés. On y peut voir presque en même temps le comte de Flandre Baudouin le Barbu, chassé par son fils, et le fils de Robert II, roi de France, obligé, après la mort de son père, de s'enfuir devant les persécutions de sa mère Constance.

Le duc de Normandie pouvait seul rétablir ces deux princes dans leurs domaines. Ayant d'abord assemblé ses chevaliers, il fond sur la Flandre comme une tempête, porte partout le fer et le feu et ne revient en Normandie qu'après avoir rendu au vieux comte la souveraineté usurpée par son fils, et les avoir vus se donner le baiser de paix, garantie d'une réconciliation que rien ne troubla plus dans la suite.

Robert songea ensuite à Henri de France, qui se trouvait chassé du trône par les injustes préférences de sa mère pour un de ses frères. Le malheureux, dans la nécessité d'implorer le secours de son puissant vassal, vint le trouver à Fécamp. Robert l'aida à remporter la victoire de Villeneuve-Saint-Georges, qui lui rendit sa couronne; mais il lui fit payer chèrement son secours: il s'adjugea le Vexin pour frais de la guerre.

Ainsi la province de Normandie allait s'agrandissant, tantôt par ses propres forces, tantôt par la faiblesse de ses voisins.

Cependant Robert n'avait pas d'héritiers. Sa première épouse, la sœur de Canut, roi d'Angleterre, était morte, et le duc avait souci de laisser après lui sa belle province à son cousin Alain de Bretagne.

Or, un jour qu'il était accoudé sur une fenêtre de son puissant donjon de Falaise, il aperçut une jeune fille qui se baignait. Il voulut la voir. Un ami du prince vint chercher Arlette en grand mystère. — Mettez cette cape, damoiselle, afin qu'on ne vous voie. — Mais elle : Fi! dit-elle je ne me cache point. On se cache quand on se vend, on se montre quand on se donne. — Et comme elle avait dit elle fit.

Devenue mère, Arlette donna le jour à un fils qui fut nommé Guillaume. On raconte qu'aussitôt que la sage-femme l'eut reçu et mis sans langes sur un petit tas de paille, il commença à tirer la paille avec ses mains ; ce que voyant, cette sage-femme dit : « Par ma foi, cet enfant commence bien

4.

jeune à acquérir et amasser. Je ne sais ce qu'il ne fera pas étant devenu grand. »

Vint l'année 1033, à jamais célèbre par la famine générale et la peste qui en fut la suite. Au moment de la récolte, la campagne ne se trouva couverte que d'herbes parasites. Le boisseau de grain, dans les meilleures terres, ne donna qu'un sixième de la quantité ordinaire. Seigneurs et vassaux, riches et pauvres souffraient également du même mal. La pâleur de tous les visages, la maigreur de tous les corps faisaient ressembler les hommes à une population de spectres ambulants. Quand le peu de provisions fournies par le sol fut épuisé, on mangea les animaux domestiques. Cette ressource venant à manquer, il fallut demander aux cadavres un horrible soulagement contre la faim. Malheur au voyageur isolé! Assailli par des bandes affamées, il tombait sous les coups de ces désespérés, et ses membres partagés entr'eux devenaient aussitôt leur pâture. Ceux qui s'arrêtaient dans les hôtelleries sur le bord des routes périssaient assassinés pendant la nuit, par le même motif et pour le même résultat. La chair humaine était devenue l'objet d'une horrible spéculation, et les récits parlent d'un homme qui en vendait de toute cuite au marché.

La Normandie ne fut pas le seul pays qui eut à souffrir de cet épouvantable fléau. Toute la France en fut désolée. Une douleur profonde s'était emparée de tous les esprits, et les troubles de la monarchie ne tendaient qu'à augmenter la désolation publique.

J'ai déjà dit comment l'imagination des peuples avait été frappée de l'idée de cette période de mille ans qui venait de s'écouler. On attendait partout la fin du monde. Tout devenait un présage. Des miracles avaient éclaté dans les monastères. Des apparitions avaient épouvanté les prêtres dans les églises. L'impression de ces choses extraordinaires, jointe aux malheurs des temps, disposait aisément les âmes à un besoin inconnu de pénitence, et les pèlerinages lointains parurent une expiation naturelle des grands péchés et des grands désordres. On pensa que le pardon serait plus facilement obtenu par une prière faite en des lieux consacrés par les grands mystères du christianisme. Quelques pénitents allèrent à Rome, d'autres poussèrent jusqu'à Jérusalem. Ainsi commença le mouvement des croisades.

Les succès des compagnons de Rainolf en Sicile ne contribuèrent pas peu à réveiller l'esprit aventureux des Normands en particulier. On ne s'entretenait que des merveilles que les émigrants avaient rencontrées dans les pays lointains. Ceux qui revenaient de Terre-Sainte par l'Italie disaient des choses incroyables sur cette Rome tant vantée, et de plus incroyables encore sur Jérusalem et l'Orient, si bien que l'esprit aventureux du comte Robert s'enflamma lui-même un jour d'un beau désir d'aller aussi porter son orgueilleuse visite au tombeau du Sauveur des hommes. Il se rappelait aussi, disent les chroniques, qu'il avait à expier le meurtre de son frère.

Cette résolution étant prise, Robert fit appeler près de lui l'archevêque de Rouen et les grands de la province, pour leur communiquer son projet. Beaucoup, au commencement, s'efforcèrent de l'en détourner, lui remontrant qu'il n'avait pas d'héritier plus proche qu'Alain, duc de Bretagne, et le comte de Bourgogne, qui se disputaient déjà sa succession.

« Ce n'est pas ma volonté de vous laisser sans seigneur, répondit le duc. J'ai un fils qui croîtra, s'il plaît à Dieu, et je me promets un jour de sa valeur qu'il sera capable de vous défendre et vous gouverner. Je ne suis point en doute qu'il ne soit mien; c'est pourquoi je vous conjure et prie par le devoir dont vous m'êtes obligés de le recevoir pour votre seigneur, et dès à présent je le saisis du duché, comme mon seul héritier, et nomme mon cousin le duc de Bretagne gouverneur en Normandie jusqu'à ce que l'enfant, que je laisserai en la garde de Henri, roi de France, soit venu en âge d'être chevalier et vous gouverner. »

Cela étant dit, tous les prélats et barons firent hommage à Guillaume et le reconnurent pour leur seigneur. Le duc, ayant tout disposé pour son voyage d'outre mer, conduisit lui-même le petit Guillaume à Paris, pour le confier à la garde du roi, et, emmenant avec lui un grand nombre de gentilshommes normands, il partit d'un pas aussi léger et aussi heureux que s'il ne laissait pas derrière lui le plus beau duché de l'Europe.

« Le voyage du duc Robert, nous dit M. J. Janin dans son style enchanteur, fut une suite d'événements et de fêtes de tous genres. Il était suivi par les seigneurs les plus riches et les plus magnifiques de sa cour. L'esprit et la gaîté ne leur manquaient pas, non plus que l'argent, les habits et les pierres précieuses. Certes, à les voir passer, on n'eût pas dit des pèlerins qui allaient s'agenouiller au tombeau du Christ, mais bien de vaillants chevaliers qui se rendaient joyeusement à quelque joûte. Chaque jour amenait pour les gais voyageurs sa fête, son festin, ses licences. Sur les chemins les populations se pressaient pour les voir ; et, voyant leur bonne mine, leurs casques pointus, leurs armures en forme d'écailles, les forts chevaux nés sur leurs terres, et cette foule de pages, de valets, de bouffons, d'écuyers, d'improvisateurs, de musiciens, de clercs tonsurés, on se demandait si ces descendants des vieux pirates du Nord n'étaient pas autant de rois qui s'amusaient à parcourir le monde. »

A quoi donc en effet les eût-on reconnus pour

les Danois de Rollon ? Ils avaient oublié déjà la langue de leurs pères ; les uns et les autres ils ne parlaient plus que la langue française ; ils traitaient la langue saxonne comme un patois barbare et fort indigne d'être parlé par des gentilshommes. Ils avaient adopté, comme c'était leur génie, la civilisation romaine et ecclésiastique. Ils ne trouvaient rien de plus beau et de plus grand que cet empire de la Rome chrétienne, dont ils admiraient l'unité sans trop la comprendre. A ces causes, ils aimaient à fonder des abbayes, à bâtir des églises, à placer des monastères au milieu des plus calmes paysages de leur chère province. En ceci ils faisaient moins leurs preuves de bons chrétiens que de prévoyants politiques. Le monastère normand, c'était avant tout un lieu de calme où s'écrivait l'histoire, un asile à la rêverie où se préparaient les poésies nationales ; surtout c'était une école incessamment ouverte aux jeunes intelligences, dans laquelle des maîtres éloquents enseignaient la lecture, l'écriture, la philosophie et quelques-uns de ces grands arts auxquels le dixième et le onzième siècle ont dû tant de chefs-d'œuvre. Ceci vous explique comment les peuples chrétiens faisaient tant de fête à ces rois de la Normandie; c'étaient mieux que des rois : c'était un seul duc normand, c'était le père de Guillaume le Conquérant, c'était le sauveur du roi de France, c'était Robert le Magnifique.

L'entrée du duc Robert dans Rome fut un grand événement. A la vérité nos Normands, qui ne s'étonnaient de rien, ne s'étonnaient guère de cette immense ruine romaine encore tout éclatante sous le beau soleil italien; mais en revanche les Romains regardaient avec une admiration sans égale ces barbares venus de si loin, qui leur rappelaient la taille, le visage et le port des capitaines, des héros et des dieux d'autrefois. Singulier spectacle ! les hommes nouveaux, les payens tombés des glaces du Nord sur les rivages de la France, tout d'un coup se trouvent au Capitole de Scipion l'Africain et de Jules-César, en présence du souverain pontife, qui attache la croix sur leur poitrine et qui place le bourdon du pèlerinage sur l'épaule de leur maître et seigneur !

Passer par Rome pour aller en Orient visiter

le tombeau du Sauveur, c'est prendre le chemin véritable. Ce sont deux ruines qui se tiennent, deux extrémités solennelles de la plus grande histoire qui soit au monde. Les Normands entrèrent dans Constantinople en véritables chevaliers errants habitués aux miracles ; ils jetaient l'or et les perles sur leur passage. A la cour de l'empereur d'Orient, c'était l'usage, quand on entrait près du maître, de laisser son manteau sur le seuil du palais. On reprenait son manteau à la porte. Robert le Diable et ses compagnons, quand on leur voulut rendre leurs manteaux, répondirent que l'habit qui avait touché la terre était indigne d'un Normand. Un autre jour, on voulut les faire asseoir sur des bancs de bois ; ils se dépouillèrent de leurs robes pour les mettre sur les siéges et, après le repas, sortirent en disant qu'ils n'avaient pas l'habitude d'emporter leurs siéges sur leur dos. La mule du prince était ferrée d'or, et quand un fer se détachait, pas un Normand n'eût daigné se baisser pour le reprendre. C'était aux Grecs à ramasser dans la poussière les clous d'or que laissait tomber le cheval du Normand.

Cependant on approchait des lieux saints ; le désert se faisait sentir. Ces mêmes voyageurs qui avaient traversé tant de fleuves, bravé tant de hautes murailles, ces hardis compagnons qui laissaient toujours passer un bout d'épée sous la robe du pèlerin, naguère orgueilleux jusqu'à l'insolence, étaient devenus humbles, modestes, chrétiens, à la seule approche de la ville sainte. Ils marchaient nu-pieds sur ces sables brûlants. Le duc lui-même les suivait, dévoré par la fièvre, à ce point qu'il fallait le porter en litière. Un jour il rencontra un pèlerin du Cotentin, qui lui demanda son message pour le pays. « Tu diras, lui répondit le prince, que tu as vu le duc Robert porté en paradis par les diables. » Ainsi il désignait les Maures qui le portaient.

On arrive enfin aux portes de la ville sainte. Une foule de pèlerins stationnaient au dehors, parce qu'ils manquaient du besant d'or exigé par les infidèles. « Par le cœur de mon ventre, s'écria Robert en entendant leurs gémissements, si j'entre dans la ville, ces gens-là ne resteront pas dehors, ou bien les besants me feront défaut. » Il paya pour tous et les fit entrer devant lui. On dit que le Turc gouverneur de la ville ne voulut pas demeurer en reste de générosité, et qu'il rendit tout l'or qu'il avait reçu.

Après avoir pendant huit jours répandu des larmes abondantes sur le saint sépulchre, accumulé les offrandes, multiplié les aumônes et accompli tous ses vœux, Robert se remit en route. Mais il ne devait plus revoir sa chère patrie. A peine put-il arriver jusqu'à Nicée, où il mourut et fut inhumé (1035).

Tel est le prince dont la vie a fourni tant de fables. A part le soupçon de la mort de son frère, Robert fut un chef remarquable. Mélange de bravoure, de galanterie et de religion, il a été le type de la chevalerie du moyen-âge. Ses prodigalités lui firent donner le surnom de Magnifique, ses débauches celui de Diable.

« Ce surnom de Robert le Diable n'a pas peu contribué à attirer sur le sixième duc de Normandie l'attention des poètes et des conteurs. Il est même arrivé à ce Robert qu'il a été chargé des galanteries et des iniquités des autres Robert. Son nom est partout en Normandie ; mais vous trouverez les ruines de son château sur les hauteurs du village de Moulineaux, non loin de la forêt du Bourgtheroulde. C'est une des plus belles places de la province. Vous découvrez tout au loin le plus vaste paysage : la Seine est sous vos pieds ; votre droite la vieille cité normande cache ses tours superbes dans les cieux ; à votre gauche s'élève, toute chargée de coudriers, de vieux lierres et de petites fleurs des champs, la montagne de Robert le Diable. Du vieux château plus rien ne reste, sinon quelques pierres et d'informes et vagues souvenirs. Là, dit-on, furent enterrées les maîtresses du terrible duc ; là il accomplit de rudes pénitences. Dans ces ruines où se lamente le vent du soir, le diable revient à l'heure de minuit : vous pouvez entendre ses cris plaintifs.

GUILLAUME LE CONQUÉRANT,

Septième duc de Normandie.

1035 — 1100.

A la nouvelle de la mort de Robert, toute la Normandie fut en émoi. Les membres de la famille ducale et un grand nombre de Normands ne voulaient pas se soumettre à un bâtard. Le comte de Brionne, tuteur de Guillaume; Theroulde, son gouverneur, et Osberne, son intendant, furent massacrés par le parti opposé au jeune duc (1039).

Alain, duc de Bretagne, faisait tous ses efforts

pour soutenir le jeune Guillaume ; mais il mourut empoisonné, dit-on, pendant qu'il faisait le siége de Montgomery (1040). Guillaume fut dès lors en butte aux prétentions de tous les ambitieux.

Gui, fils de Renaud de Bourgogne et d'Adèle de Normandie, entreprit de le renverser. Un grand nombre de Normands, parmi lesquels on comptait Nigel, comte de Cotentin ; Regnault, comte du Bessin ; Grimoult du Plessis, Raoul de Briquesart, Hamon de Thorigny, se déclarèrent en faveur de l'ambiteux, et bientôt tous les habitants de l'ouest du duché embrassèrent son parti. — Pour soutenir son pouvoir, Guillaume se vit obligé d'implorer le secours du roi Henri de France, vers lequel il députa Mauger, archevêque de Rouen. — Henri se détermina facilement à secourir Guillaume. Indépendamment de ce que c'était pour lui une occasion de se mêler des affaires de la Normandie, il avait probablement intérêt à empêcher que Gui de Bourgogne ne réunit sous son pouvoir deux états puissants. — Mais Gui de Bourgogne et ses partisans trouvèrent un appui d'un autre côté. Les Manceaux et les Angevins se réunirent aux insurgés pour combattre Guillaume et les Français, en sorte que le royaume se trouva divisé en deux partis prêts à en venir aux mains. — Les Normands et les Bourguignons se rencontrèrent au Val-des-Dunes, à quatre lieues de Caen. Les deux armées étaient séparées par la petite rivière de Muance. Les Normands la passèrent à Argences. — Au moment du combat, Raoul Tesson, seigneur d'Harcourt, passa du côté de Guillaume avec ses cavaliers. Cette défection était de mauvais augure pour les insurgés. Cependant le combat s'engagea. Les deux armées poussèrent leur cri de guerre. La mêlée fut terrible. Le roi de France, atteint d'une lance, fut renversé et foulé aux pieds des chevaux. Mais Guillaume sut maintenir la supériorité de ses armes. Les insurgés, forcés de céder, furent poursuivis à travers les campagnes de Caen. Un grand nombre se noya dans l'Orne. Un plus grand nombre périt par le fer. — Gui de Bourgogne courut s'enfermer dans le château de Brionne, qui lui appartenait. Guillaume alla l'y assiéger; mais la place était très-forte; elle se défendit pendant trois ans et ne se rendit que par la famine, en laissant échapper

Gui, qui se sauva en Bourgogne. — Le comte d'Anjou fut également châtié par Guillaume, qui lui enleva Alençon et fit couper les pieds à trente des habitants qui l'avaient insulté du haut des remparts. Ainsi s'acheva cette guerre. Les Normands de l'ouest avaient voulu faire triompher le principe de l'hérédité. Ils succombèrent dans leur entreprise. Nul doute que beaucoup des insurgés vaincus ne se soient déterminés alors à quitter la Normandie pour aller rejoindre leurs compatriotes d'Italie. Ceux qui restèrent virent resserrer les liens de leur liberté. La victoire des Dunes amena une véritable révolution dans le gouvernement de la province. La nature du pouvoir changea. Jusqu'alors les ducs n'avaient été que les chefs de la nation : Guillaume en devint le maître. Sans droit à la couronne aux yeux d'un grand nombre de seigneurs, il ne pouvait régner que par la force. Pour se maintenir, il lui fallait abaisser tout ce qui se trouvait autour de lui. Nous allons le voir transformer peu-à-peu son pouvoir en véritable pouvoir absolu (1047).

Guillaume ne tarda pas à avoir à combattre un

nouveau prétendant au cercle ducal dans la personne de Guillaume d'Arques, fils de Richard II, qui ne fit guère que prêter son nom à une coalition nouvelle, sous laquelle tout autre que le Bâtard eût succombé. Voici quelle en fut l'occasion. Le duc de Normandie, préoccupé d'une grande idée, celle de la conquête de l'Angleterre, voulait d'abord mettre en sûreté ses possessions du continent. Le plus sûr moyen d'y parvenir était de s'attacher ses ennemis naturels. Il songea au comte de Flandre Baudouin, et lui demanda sa fille Mathilde. La jeune princesse se refusa d'abord à épouser un bâtard. Puis il se trouva un lien de parenté qui permit à Mauger, archevêque de Rouen, d'excommunier les deux époux. Peu de temps après, Mauger, dépossédé de son siége par Guillaume, fut trouvé mort sur la plage de Cherbourg. Tous ces événements excitèrent de sourdes rumeurs dans le peuple et réveillèrent les ambitieux. Le comte d'Arques se mit en avant. Le roi de France se déclara pour lui. Un orage formidable se préparait. La Bourgogne, l'Auvergne, le Poitou, l'Anjou, la Bretagne se réunissent pour anéantir Guillaume. Le duc de Normandie se prépare à tenir tête. — Deux armées s'avancent. L'une est commandée par Hugues de Bourgogne. Guillaume lui oppose Raoul d'Eu. L'autre est commandée par le roi de France. Guillaume marche en personne contre lui. — L'armée commandée par Hugues s'avança jusqu'à Mortemer, dans le pays de Bray, et fut taillée en pièces. — Celle du roi de France, en apprenant cette nouvelle, n'osa plus tenter les chances du combat et plia bagage. — La paix fut conclue, le prétendant oublié. Et la mort du roi de France, arrivée bientôt après, laissa le champ libre à Guillaume et lui permit de songer à l'agrandissement de ses états.

On se rappelle qu'à la mort du roi d'Angleterre Ethelred, ses enfants furent obligés de se retirer en Normandie auprès de leur oncle Richard, tandis que leur mère Emma devint l'épouse du Danois Canut, qui prit sa place sur le trône. A quelques années de là, l'esprit changeant des insulaires rappela sur le trône un des fils du malheureux Ethelred. Ce fut Edouard surnommé le Confesseur. Edouard avait alors près de quarante ans (1042).

Il en avait passé vingt-sept exilé en Normandie. Les circonstances lui ayant ravi tout espoir raisonnable d'obtenir la couronne, il avait consolé les heures de son bannissement par les plaisirs de la chasse et les exercices de la religion, et il porta sur le trône les habitudes de modération et de paix qu'il avait prises dans la vie privée. Ce fut un bon roi plutôt qu'un grand roi. Il ne possédait pas cet esprit énergique nécessaire pour gouverner un peuple nouveau. Plusieurs comtes danois, à la tête desquels était son beau-père, le comte Godwin, purent impunément se révolter contre lui, et comme il n'avait pas d'enfants, la couronne devint, même avant sa mort, le sujet de grandes contestations.

Les deux principaux compétiteurs étaient Guillaume et Harold, fils de Godwin. Le premier alléguait un prétendu testament d'Edouard ; le second, sa parenté avec la reine Edith, femme d'Edouard, qui était sa tante. Leurs titres réels étaient leur puissance et leur ambition.

Un hasard bien extraordinaire vint donner un grand avantage à Guillaume sur son concurrent.

Un vaisseau sur lequel Harold avait mis à la voile échoua à l'embouchure de la rivière de Maye, dans le comté de Ponthieu. Une coutume barbare avait investi le seigneur de ce canton du prétendu droit de s'emparer non seulement des débris du naufrage, mais encore des personnes qui y survivaient. Harold et ses compagnons, saisis sur le rivage, furent conduits au comte Gui, qui les renferma dans son château de Beaurain. Aucune circonstance ne pouvait être plus favorable aux vues de Guillaume. Il demanda au comte de Ponthieu les prisonniers en échange d'une terre considérable, et Harold passa entre ses mains. Le bouillant Danois fut traité à la cour du prince normand avec respect et générosité; mais on ne lui laissait que l'apparence de la liberté, et il eut bientôt lieu de regretter les donjons de Beaurain. Forcé par la nécessité, il consentit à faire hommage de ses titres et dignités à Guillaume comme à l'héritier présomptif d'Édouard. Mais la défiance du prince normand ne se contenta pas de la simple cérémonie de l'hommage. Devant une assemblée de ses barons, il contraignit Harold à jurer sur les saintes reliques qu'il emploierait tous ses efforts pour faire admettre les prétentions du duc à la couronne d'Angleterre ; qu'il défendrait ses intérêts à la cour d'Edouard, et qu'il recevrait une garnison de Normands dans sa forteresse de Douvres. A la fin, comblé de présents, mais le cœur navré, il lui fut permis de quitter le territoire de son rival.

Au commencement de l'année suivante, le 5 janvier 1066, le roi Edouard mourut. Si nous jugeons le caractère de ce monarque par le témoignage de l'affection populaire, nous devons le ranger parmi les meilleurs princes de son temps. Ses sujets l'adoraient pour la bonté de son cœur ; ils déplorèrent sa mort par des larmes sincères et transmirent sa mémoire à leurs enfants comme un objet d'éternelle vénération. Le bonheur de son règne est le thème constant des anciens écrivains anglais. La bulle de canonisation publiée par Alexandre III, un siècle environ après sa mort, lui donna le surnom de Confesseur.

Il restait de la famille d'Ethelred un seul rejeton, Edgard, petit-neveu du feu roi ; mais s'il fut un moment question de ses droits, on les abandonna promptement. Le bruit avait été répandu qu'Edouard, sur son lit de mort, avait désigné Harold pour son successeur. Il fut proclamé roi dans une assemblée de nobles et de citoyens de Londres; et le jour suivant éclaira les funérailles du dernier souverain et le couronnement du nouveau.

On apprit en Normandie par le même messager la nouvelle de la mort d'Edouard et celle du couronnement immédiat de Harold. Guillaume assembla son conseil, l'informa de cet événement et lui fit connaître sa résolution de soutenir par les armes ses prétentions à la couronne d'Angleterre. Un héraut fut envoyé vers Harold pour lui rappeler ses anciens serments de fidélité et ses promesses. Le roi répondit que le serment lui avait été arraché par la force; que la promesse de donner une couronne qui ne lui appartenait pas ne pouvait être obligatoire; qu'il avait été élu roi par le libre suffrage du peuple et que, lorsque viendrait le temps de le prouver, il saurait se montrer digne de ce choix. Guillaume s'attendait aussi bien à cette réponse de Harold que Harold s'était attendu à son message.

Tous deux étaient d'avance déterminés à en appeler à leur épée, et les Anglais ne furent pas moins étonnés que les Normands des vastes préparatifs que l'on faisait pour décider cette importante querelle.

Guillaume employa huit mois à rassembler les armes et les vaisseaux nécessaires à son invasion. Quand tout fut prêt pour l'accomplissement de ce vaste projet, le duc fit publier à son de trompe que tout homme sachant tenir une épée ou une lance serait le bien-venu sous sa bannière. Il promettait le pillage après la victoire et, en attendant le pillage, une forte solde. A cet appel répondirent tous les aventuriers de l'Europe occidentale; ils arrivaient en foule du Maine et de l'Anjou, du Poitou et de la Bretagne, de la France, de la Flandre, de l'Aquitaine et de la Bourgogne. Celui-ci était chevalier, et il se contentait de prendre sa part dans la conquête. Celui-là était un soldat, et il demandait au préalable des armes et de l'argent. Les capitaines qui amenaient avec eux leurs hommes d'armes réclamaient pour leur récompense, après la dernière bataille, un comté anglais ou la main de quelque riche héritière saxonne. Il y en eut même qui voulurent être évêques, et le duc Guillaume leur répondit qu'ils seraient évêques. En un mot, il promit tout ce qu'on lui demanda, l'argent, les terres, les titres, les évêchés.

Ceci fait, Guillaume s'en fut prendre congé de Philippe I*er*, roi de France, le priant de l'aider à conquérir l'Angleterre : *après quoi, sire, je promets de vous en faire hommage comme si je les tenais de vous.* Le roi Philippe et les barons ses conseillers trouvaient déjà que le duc de Normandie était un prince assez puissant sans qu'on l'aidât à prendre l'Angleterre. Ce fut aussi l'opinion du comte de Flandre, son beau-père. Mais le duc Guillaume avait déjà calculé qu'il pouvait se passer du comte de Flandre et du roi de France.

Le rendez-vous général des forces du duc était à l'embouchure de la Dive, rivière qui se jette dans l'Océan entre la Seine et l'Orne. Le temps était froid et pluvieux, le vent était contraire; une brise du sud avait poussé la flotte jusqu'à l'embouchure de la Somme, au mouillage de Saint-Valery; mais la tempête recommença, et il fallut attendre encore. Déjà cette armée, naguère si belliqueuse, se sentait triste et découragée. Le duc Guillaume sentait chaque jour s'échapper sa conquête. Chaque jour il allait entendre la messe à l'église de Saint-Valery, et au sortir de la messe il regardait le coq du clocher pour savoir d'où venait le vent. Des prières publiques furent ordonnées; on promena autour de l'armée la châsse de Saint-Valery. Enfin, le soleil se dégage des nuages, le vent souffle ; c'en est fait, une flotte de quatre cents navires se met en route, précédée par le vaisseau du Conquérant, au haut duquel flotte une bannière envoyée par le pape. Et le débarquement s'opère sans opposition sur la côte ennemie, le 28 septembre 1066, à Pavensey.

On a sévèrement censuré la conduite de Harold en cette occurrence. Quelques historiens l'ont accusé d'avoir laissé sans s'émouvoir l'ennemi débarquer sur ses côtes, lorsqu'il eût été si facile à sa flotte de donner la chasse aux Normands. C'est qu'aux yeux de quelques hommes les vaincus ont toujours tort. Harold était au contraire un guerrier fortement trempé, intrépide dans le combat, sage dans le conseil, et tel qu'il le fallait pour résister à Guillaume ; mais à peine monté sur le trône, lorsque toutes ses ressources lui étaient nécessaires pour armer contre les Normands, son frère Tostig, comte de Northumberland, souleva les populations indigènes et s'unit avec le roi norwégien Hardrada. Les confédérés norwégiens débarquèrent en Angleterre et songèrent à s'emparer d'York. Malgré les efforts des généraux anglais, leurs troupes faiblirent une première fois.

Le roi d'Angleterre était pendant ce temps occupé à défendre ses côtes contre la prochaine arrivée des Normands ; ses troupes étaient fraîches, ses soldats armés, sa flotte prête à repousser l'agression. Sentinelle vigilante et infatigable, le jour et la nuit il se tenait prêt à combattre. Il y allait de sa gloire et de sa couronne. Voyant la saison s'avancer sans avoir avis de la flotte normande, il commença à croire qu'elle ne se présenterait pas avant l'hiver.

D'autre part, des messages multipliés venaient chaque jour lui apprendre que ses provinces du Nord étaient envahies et que l'armée norwégienne faisait d'affreux ravages. Harold voyait avec une douleur profonde le territoire anglais envahi par des étrangers ; son noble dévoûment l'appelait au secours de ses frères. Espérant que quelques jours lui suffiraient pour repousser l'invasion, et qu'il serait encore revenu à temps au poste qu'il avait choisi comme le plus important et le plus périlleux, il partit avec ses meilleures troupes. Marchant à grandes journées, il arriva de nuit sous les murs d'York, qui venait de capituler. Heureusement les Norwégiens avaient remis au lendemain leur entrée dans la ville. Harold, sans perdre de temps, fait savoir aux habitants qu'il était arrivé sous les murs de leur ville pour livrer bataille aux étrangers ; qu'ils eussent donc à fermer les portes de la ville et à veiller rigoureusement pour qu'aucun homme, quel qu'il fût, ne pût pénétrer au camp des Norwégiens et y porter la nouvelle des événements qui se préparaient. Le lendemain, dès la pointe du jour, le roi d'Angleterre marche à l'ennemi. Hardrada, surpris, ne perd pas courage. Son âme s'exalte à la vue du danger, ses yeux brillent d'un éclat inaccoutumé ; il s'écrie : « Combattons, enfants du Nord, marchons, quoique sans cuirasse, sous le tranchant des fers bleuâtres ; nos casques brillent au soleil ; c'est assez pour des gens de cœur. »

Le combat s'engage : le premier choc est terrible. Les Norwégiens, serrés les uns contre les autres, derrière leurs lances plantées en terre, la pointe inclinée en avant, soutiennent sans s'ébranler la masse compacte des Anglo-Saxons, qui fondent sur eux avec fureur. Au milieu du carnage, le chef norwégien est tué. Harold, plein d'affection pour son lâche frère, lui fait offrir la paix. La mort ! la mort ! répond ce guerrier farouche. Le combat recommence ; Tostig est massacré par les soldats, et la victoire assurée à Harold.

Mais ce triomphe devait lui coûter sa couronne. Tandis que le roi d'Angleterre triomphait au nord, la flotte normande abordait sans résistance à Pavensey. Le manque de vivres avait obligé les vaisseaux anglais, qui avaient longtemps croisé dans ces parages, de rentrer dans quelque port, de manière qu'on n'eut aucun avis de l'approche de Guillaume, et qu'il put, contre son attente, opérer le débarquement de ses troupes sans être nullement inquiété. Les premiers qui descendirent à terre furent les archers ; ils se distinguaient du reste de l'armée par des vêtements plus courts et par leurs cheveux rasés. Ils étaient suivis des hommes d'armes à cheval, barons et chevaliers ou servants, couverts de cottes de mailles, armés de longues et fortes lances, d'épées nues à double tranchant et portant en tête des heaumes en fer poli: après eux venaient les travailleurs, pionniers, charpentiers, forgerons, qui transportaient pièce à pièce sur le rivage trois châteaux de bois que Guillaume avait fait construire en Normandie. Le duc descendit le dernier. Au moment, disent les chroniqueurs, où son pied toucha le sol, il fit un faux pas et tomba en avant ; ce qui était d'un mauvais présage. Mais lui, avec une présence d'esprit digne de César : « Terre, s'écria-t-il, je te tiens de mes deux mains, et par la grâce de Dieu, tant qu'il y en a, mes compagnons, elle est à vous. » A ce cri d'enthousiasme toute l'armée applaudit et se mit joyeusement en marche.

Guillaume n'était pas homme à perdre inutilement le temps. Il savait combien l'activité est nécessaire, dans une entreprise militaire surtout.

Heureux de n'avoir rencontré aucune résistance en arrivant sur la côte d'Angleterre, dans un moment où l'ennemi aurait eu sur lui un immense avantage, il se hâta, sans prendre aucun repos, de s'éloigner de la mer et vint camper assez près de la ville de Hastings. Ses travailleurs élevèrent deux des châteaux de bois qu'ils avaient débarqués par pièces, et élevèrent autour de son armée les fortifications nécessaires pour braver l'ennemi qui arrivait.

En effet, Harold, blessé au combat d'York, dès qu'il apprit le débarquement de Guillaume, s'empressa de descendre à sa rencontre, sans donner le temps à sa blessure de se refermer. A sa voix toute l'Angleterre s'émeut, les soldats accourent, quinze mille combattants se rangent sous ses bannières, et l'impatient vainqueur de Hardrada court venger une population que les Normands accablaient déjà des plus odieuses vexations, sans attendre les renforts qui lui arrivaient du Nord et de l'Ouest.

Le lieu qui fut choisi pour vider cet important débat s'appelait Senlac, à neuf milles de Hastings.

C'était une hauteur ouverte vers le sud et couverte sur ses derrières par un bois fort étendu. A mesure que les troupes arrivaient, Harold les rangeait sur le penchant de la colline en une masse immense et compacte. Au centre flottait l'étendard royal, représentant un guerrier dans l'attitude du combat, brodé en fil d'or et orné de pierres précieuses. Près de l'étendard se tenaient Harold et ses deux frères, et autour d'eux le reste de l'armée, composé uniquement de fantassins. Par cette disposition, le roi paraît avoir adopté, autant que le permettaient les circonstances, le plan qui récemment avait été si fatal aux Norwégiens. Il craignait le choc de la nombreuse cavalerie des Normands, dont les hommes et les chevaux étaient couverts d'une armure qui les rendait presqu'invulnérables. Afin de les attaquer avec plus de chances de succès, Harold avait fait amener des machines propres à lancer des pierres dans les rangs, et avait recommandé à ses soldats de se borner eux-mêmes, en combattant de près, à l'usage de la hache de bataille, arme très-pesante et très-meurtrière.

Sur l'éminence opposée, Guillaume s'occupait à

ranger son armée en bataille. Il plaça sur le front les archers et les arbalétriers ; la seconde ligne se composa de la grosse infanterie, revêtue de cottes de mailles ; et derrière elle le duc plaça, en cinq divisions, l'espoir et l'orgueil de l'armée normande, les chevaliers et les hommes d'armes. Il n'est pas improbable qu'il ait essayé par ses discours comme par ses actions de communiquer son ardeur à cette multitude de guerriers de nations diverses. On nous permettra néanmoins d'omettre, comme inutile, le récit des messages du moine Hugues Maigrot, qui n'étaient que des bravades de mauvais goût, et les deux harangues que Guillaume de Poitiers et Henri de Huntington lui font prononcer. Ce que nous savons seulement de Guillaume même, c'est qu'en présence de ses barons, il fit à Dieu le vœu solennel, s'il remportait la victoire, de fonder une église pour le bien de l'âme de tous ses guerriers.

A neuf heures du matin environ, l'armée commença à s'ébranler, franchit l'espace qui séparait les deux éminences et gravit lentement la hauteur sur laquelle étaient postés les Anglais. Toustain surnommé le Beau portait en avant la bannière du pape, comme un gage de la victoire, honneur dangereux que deux barons normands avaient successivement refusé.

Au moment où les armées allaient engager le combat, un chevalier du nom de Taillefer, renommé pour ses hauts faits d'armes, demanda au duc de Normandie la faveur de frapper le premier coup, et, poussant son cheval en avant du front de bataille, il entonna le chant de Roland, l'accompagnant de poses et de jeux guerriers. Puis il se précipita sur les Anglais et en abattit un à ses pieds. A ce signal les Normands poussent le cri national : « Dieu est notre aide. » Les adversaires répondent par : « Croix du Christ, la sainte Croix. » Et le combat commence.

Guillaume fait avancer les archers, qui épuisent leurs traits, se replient et laissent la cavalerie à découvert. Le noble bataillon s'avance, lourd, épais et redoutable ; mais les Anglais opposent sur chaque point une masse si solide et si impénétrable, que ni les boucliers ni les corselets ne purent résister à leurs haches de bataille, dont les coups, portés par des bras vigoureux, ne manquaient jamais leur but. La confiance des Normands s'évanouit à la vue de leurs pertes et de la contenance hardie de leurs ennemis. Après une courte pause, la cavalerie et l'infanterie de l'aile gauche commencèrent à fuir ; leurs adversaires les poursuivirent vivement, et le bruit se répandit que Guillaume lui-même avait péri. Toute l'armée commençait à plier quand le duc, son casque à la main, parcourut la ligne à cheval, criant : « Je vis encore et, avec l'aide de Dieu, je serai toujours vainqueur. » La présence de leur commandant et la confiance qu'il témoignait ranimèrent l'espoir des Normands, et la prompte destruction des Anglais qui avaient poursuivi les fuyards parut à leur esprit exalté une assurance de la victoire. Les braves mais imprudents soldats avaient en effet, à leur retour, été surpris par un gros de cavalerie. A pied et en désordre, ils furent anéantis en un moment par le glaive ou plutôt par les chevaux de l'ennemi ; nul ne survécut au carnage.

Guillaume ramena ses troupes à la charge ; mais la colonne anglaise, serrée et inébranlable comme un roc au milieu des vagues, repoussa tous ses efforts. Inquiet et désappointé, le Normand eut recours à un stratagème qui lui fut suggéré par l'avantage remporté au commencement de la bataille. Il donna l'ordre à une division de cavalerie de prendre la fuite. Les Anglais la poursuivirent, et leur imprudence fut suivie d'une destruction totale. Il employa la même ruse avec un succès égal sur une autre partie du champ de bataille. Les pertes diminuèrent grandement les forces anglaises; mais le corps d'armée se maintint opiniâtrément dans sa position et défiait tous les efforts des Normands.

Durant l'engagement, Guillaume avait donné les preuves les plus signalées de sa bravoure personnelle. Trois chevaux avaient été tués sous lui, et il fut forcé de lutter à pied contre ses adversaires. Harold animait aussi ses soldats par ses discours et par son exemple et montrait un courage digne de la couronne pour laquelle il combattait. Ses deux frères avaient déjà succombé; mais tant qu'il vécut, aucun homme ne conçut la crainte d'une défaite ou n'admit la pensée d'une fuite. Mais un peu avant le coucher du soleil, une flèche lancée au hasard l'atteignit à l'œil. Il expira à l'instant, et la nouvelle de sa mort ralentit les efforts des Anglais. Vingt Normands entreprirent de s'emparer de la bannière royale, et ils effectuèrent leur projet, quoique plus de la moitié d'entre eux y succombât. Guillaume disgracia ensuite, pour sa brutalité, l'un de ces hommes, qui mutilait avec son épée le cadavre du roi. Vers la nuit, les Anglais lâchèrent pied et se dispersèrent dans les bois. Les Normands suivirent leurs traces à la clarté de la lune; mais l'ignorance du pays les conduisit en un lieu coupé de fossés dans lesquels ils se précipitèrent avec toute l'ardeur de la poursuite. Les fuyards, rappelés par cet accident, se vengèrent sévèrement de leurs adversaires. Guillaume, attiré par les cris des combattants, se hâtait de les rejoindre, quand il rencontra Eustache de Boulogne et cinquante chevaliers qui fuyaient de toute leur vitesse. Il leur cria de s'arrêter. Le comte s'approcha de lui et au moment même reçut un coup dans le dos, qui fit jaillir le sang de la bouche et des narines. On le porta sans connaissance dans sa tente. L'intrépidité de Guillaume l'entraîna plus loin, jusqu'au théâtre du danger ; sa présence rendit le courage à ses troupes ; les secours arrivèrent, et les Anglais furent repoussés après une vive résistance.

Telle fut l'issue de cette fatale et mémorable affaire. Du côté des vainqueurs il y eut environ soixante mille hommes engagés, dont plus d'un quart resta sur le champ de bataille. Les vaincus, au nombre d'environ quinze mille, périrent presque tous. Avec Harold périt toute la noblesse du sud de l'Angleterre, perte qui ne fut jamais réparée. La mère du roi demanda comme une faveur qu'on lui rendît le corps de son fils, et pour rançon elle offrit de donner son poids en or. Le ressentiment de Guillaume le rendit inaccessible à l'intérêt comme à la pitié. Il ordonna d'enterrer le cadavre sur le rivage, ajoutant avec ironie : « Il gardait la côte quand il vivait, qu'il continue à la garder après sa mort. » On se procura cependant, soit à prix d'argent, soit en les dérobant, les dépouilles mortelles du roi ; on les exhuma de ce lieu profane et on les déposa dans l'église de

Walthal, que Harold avait fondée avant de monter sur le trône.

En apprenant la défaite de Hastings et la mort du roi Harold, le peuple anglais fut frappé de stupeur et d'abattement, comme si déjà Guillaume eût été maître de tout le pays. Il semblait que tout était perdu, que l'Angleterre tout entière avait succombé dans la personne de son valeureux chef. Les historiens racontent que, longtemps après la bataille, le peuple croyait voir encore des traces de sang tout frais sur le terrain où elle s'était livrée, toutes les fois que le sol était humecté par la rosée ou les pluies. Cette imagination, toute superstitieuse et vaine qu'elle fût, nous donne l'idée de la terreur et de la consternation dont fut frappée la nation anglaise.

Pour Guillaume, il eut une telle joie de l'issue de la bataille, qu'il commença sur-le-champ l'exécution de son vœu. Il fit tracer avec diligence le plan d'un monastère dédié à la sainte Trinité et à saint Martin et ne négligea rien pour en faire un monument digne de sa reconnaissance. Le grand autel de l'église fut élevé à l'endroit même où Harold avait planté en terre son étendard. On traça l'enceinte des murs extérieurs autour de la colline qu'avaient si vaillamment défendue les Anglais, et où ils avaient trouvé une mort glorieuse. On donna en propriété à l'abbaye, qu'on appela l'abbaye de la Bataille, sur une lieue d'étendue, toute la terre circonvoisine où avaient combattu les deux armées, et on fit venir du couvent de Marmoutiers, près de Tours, une colonie de moines pour la peupler. Comme les architectes se plaignaient à Guillaume de ne pouvoir y trouver de source d'eau pour creuser un puits, le duc leur répondit d'un ton jovial : « Qu'à cela ne tienne ; car si Dieu me prête la vie, il y aura plus de vin chez les religieux de la Bataille qu'il n'y a d'eau claire dans le meilleur couvent de la chrétienté. »

L'heureux vainqueur de Hastings n'était pas toutefois sans quelqu'inquiétude, et la réflexion ne tarda pas à assombrir les premières joies de son triomphe. Le peuple, jaloux de sa liberté, n'allait-il pas se lever comme un seul homme pour venger la mort de son roi ? Un autre Harold ne pouvait-il pas être appelé au trône par le suffrage de la nation, rallier rapidement toutes les milices et venir à sa rencontre à la tête d'une armée nombreuse et dévouée? Il hésita un moment à s'avancer dans les terres, s'empara de Douvres et de quelques autres places maritimes. Mais les événements le pressaient.

Immédiatement après la mort d'Harold, le conseil de la nation s'était assemblé à Londres. Malheureusement les intérêts généraux ne purent faire taire les rivalités ambitieuses. La candidature d'Elvin et de Mokar, deux beaux-frères d'Harold renommés par leur valeur et leurs hautes qualités, était appuyée par les hommes du Nord et les vrais patriotes. Les citoyens de Londres et l'archevêque de Cantorbery donnaient la préférence à Edgard, neveu d'Edouard le Confesseur, prince d'un caractère faible et timide. Après bien des hésitations, le mauvais choix l'emporta, et le jeune Edgard fut proclamé roi. Elvin et Mokar, se croyant outragés, abandonnèrent l'armée, dont ils étaient l'âme. Le patriotisme s'éteignit à leur départ.

Guillaume savait tout cela et s'avançait lentement vers Londres, laissant au temps de lui préparer les voies. Il se contenta d'occuper les environs de la ville, ravageant la campagne voisine et interceptant les convois destinés à l'approvisionnement de la capitale.

Cette tactique était habile, et Guillaume ne tarda pas à en recueillir les fruits. Le découragement gagnait l'armée ; les bourgeois craignaient déjà toutes les horreurs de la famine. Les plus timides parlaient déjà tout bas de capitulation. « Ne valait-il pas mieux, disaient-ils, se rendre au vainqueur que de mourir de faim après avoir vu périr les derniers débris des troupes fidèles ? » Guillaume ne négligeait rien pour donner plus de force à ces bruits. Ruse et corruption, tous les moyens furent mis en œuvre par lui. Le peuple, si versatile, s'éprit d'enthousiasme pour le conquérant envoyé du Ciel ; le jeune Edgard comprit qu'il n'avait plus qu'à déposer sa couronne ; il vint lui-même en faire hommage au duc de Normandie ; et le malheur du pays fut ainsi consommé.

Toute la conduite de Guillaume dans cette occasion décèle une grande habileté, une profonde dissimulation. Quoiqu'il eût pris les armes et traversé la mer pour placer sur son front la couronne royale, il ne se hâta point de prendre le titre de roi. Il feignit même de combattre l'empressement de quelques-uns de ses barons qui voulaient qu'avant de poursuivre la conquête, il se fît sacrer solennellement, selon l'usage du pays. Il feignit enfin de céder à leurs prières, et il fut résolu que la cérémonie du sacre se ferait dans l'abbaye de Westminster pendant les fêtes de Noël (1066). Cette fête fut troublée par un triste incident. Au moment où l'évêque consécrateur (Alfred, archevêque d'York) demandait, selon l'usage, aux Anglais s'ils voulaient reconnaître Guillaume pour souverain, quelques Normands pillards mirent le feu aux maisons voisines : un grand tumulte se fit dans l'église, et Guillaume demeura presque seul avec les prélats, qui achevèrent le service avec précipitation.

Ce fait montre combien le conquérant était peu maître de ses soldats, et tendrait à l'excuser un peu du reproche de violences dont l'accusent les historiens à l'égard du peuple vaincu. Il paraîtrait, au contraire, qu'il porta des peines sévères contre les hommes d'armes qui se rendraient coupables de vol, de violence, d'incendie ou de meurtre. « Conduisez-vous, leur disait-il, comme des chrétiens, et non pas comme des loups altérés de sang. »

Disons toutefois que, s'il ne permettait l'avarice à personne, Guillaume gardait pour lui ce triste privilége, et nous inclinerions avec un historien à donner pour l'une des raisons de son voyage en Normandie, après son couronnement, le dessein de mettre à l'abri des chances de la guerre les immenses trésors que lui avaient valus les premiers pillages. Quelques écrivains donnent à ce voyage un motif encore plus odieux : celui de laisser détruire par ses troupes la noblesse anglaise, sans avoir la responsabilité des atrocités qu'elles commettraient. Le sage Lingard n'y voit qu'un trait de vanité.

Quoi qu'il en soit, au beau milieu de sa conquête, Guillaume, jusque-là si prudent, abandonna l'Angleterre pour venir montrer sa couronne en Normandie. Après avoir confié l'administration de l'Angleterre à son frère Eudes, évêque de Bayeux, il partit au mois de mars 1067 et vint débarquer à Fécamp. Il fut reçu avec enthousiasme par ses compatriotes. Partout où il passa, les travaux de l'agriculture et du commerce furent suspendus, et le jeûne solennel du carême se trouva universellement transformé en un temps de fête et de réjouissance. Autour du nouveau roi des Anglais c'était une profusion insensée d'or et d'argent, de vases précieux, de tapisseries magnifiques. Les Normands restés dans leur province admiraient toutes ces choses et même les longs cheveux des captifs et des otages qui marchaient à la suite de leur duc; car Guillaume s'était prudemment fait accompagner d'Edgard, d'Edwin, de Mokar et de beaucoup d'autres chefs dont la présence eût été dangereuse en Grande-Bretagne. Jamais un homme plus entouré d'honneur et portant d'un front plus haut une plus belle couronne n'avait traversé cette grande province.

Pendant que le conquérant oubliait ainsi dans les fêtes les obligations que lui imposait son nouveau titre de roi, ses soldats demeurés en Angleterre accablaient les vaincus des plus atroces vexations. Tous les biens furent confisqués par les barons normands, qui forçaient les anciens propriétaires à travailler à la construction de leurs châteaux et les jetaient ensuite en prison. « Les monastères et les abbayes pillés, les églises profanées, les moines qui refusaient de reconnaître le nouveau roi chassés de leurs retraites, les femmes, les filles livrées à la brutalité des soldats; les plus nobles dames données en mariage à des aventuriers devant lesquels elles étaient forcées de cacher leurs larmes; d'ignobles valets d'armée, des bouviers de Normandie, des tisserands de Flandre enrichis des dépouilles des seigneurs, possesseurs de châteaux, devenus de hauts hommes fous d'orgueil d'avoir des serviteurs plus riches que n'avaient jamais été leurs pères, se croyant permis tout ce qu'ils voulaient, versant le sang au hasard, arrachant le morceau de pain de la bouche des malheureux, prenant tout, l'argent, les biens, les terres; disposant à leur fantaisie des plus nobles personnes et ne leur laissant qu'à pleurer et à souhaiter la mort; de braves guerriers couverts de blessures, des vieillards vénérables qui, après une longue vie de combats, étaient venus chercher un peu de repos au sein d'une famille chérie, violemment arrachés de leur demeure pour faire place à l'étranger qui la voulait; des villes jadis florissantes, où l'œil attristé n'apercevait que des ruines et des cendres ; partout la crainte, l'oppression et la douleur ; tel fut le spectacle que présenta l'Angleterre partout où la conquête fit sentir son joug de fer et étendit ses horribles vengeances.

Enfin, l'absence de Guillaume aidant, l'excès de la misère porta les vaincus aux résolutions les plus désespérées. La province de Kent fut la première à se soulever. Exeter suivit son exemple ; le pays de Galles, Londres elle-même, et tout le nord, peuplé des malheureux que la guerre avait chassés de leurs domaines, sentaient le besoin de secouer un joug odieux. Edgard, rendu intéressant par ses infortunes, accourt, implore secrètement la protection du roi d'Ecosse, reçoit des secours de Danemark et lève l'étendard de la délivrance.

Guillaume, dans ces circonstances difficiles, a recours à son arme ordinaire, la ruse, secondée par la bravoure. Il trompe les uns par d'hypocrites caresses, témoigne aux habitants de Londres une amitié sans bornes, s'empare par trahison d'Exeter, défait les Gallois et remporte les premiers avantages sur les révoltés du nord. Mais une grande défaite sous les murs d'York le conduisit à deux doigts de sa perte. Heureusement qu'à l'aide de cette ruse de renard qui l'avait toujours si bien secondé, il trouva moyen de détacher les Danois de la ligue. S'avançant alors à grandes journées, il s'empara rapidement d'York, de Durham, et ravagea le pays d'une manière si horrible, que pendant neuf ans on ne vit pas un arpent de terre cultivé entre York et Durham. Les hommes, les bestiaux, les maisons, les grains, les instruments de labourage, tout fut anéanti. Précédé par la terreur qu'inspirait sa colère, Guillaume s'avança ainsi vers le nord, qu'occupaient les Ecossais, et force leur fut de poser les armes.

Il ne restait plus à soumettre qu'une petite troupe de héros retirés dans l'île d'Ely, au nord de la province de Cambridge, où ils avaient établi un camp dit le camp du Refuge, dans un terrain inaccessible. De là ils appelaient à eux tous les mécontents. Des prélats, des hommes de guerre, des chefs en grand nombre s'y étaient réunis pour préparer l'affranchissement de la patrie. Hereward les commandait, et les Danois avaient une seconde fois promis leur secours.

En présence de ce nouveau péril, Guillaume ne changea point sa tactique. Mokar est attiré à la cour et mis aux fers. Edwin, attaqué par surprise, a la tête tranchée ; enfin, le Conquérant marche contre le camp du Refuge. Résolu d'en finir avec l'insurrection, il fait construire d'immenses travaux à travers les marais. L'intrépide Hereward s'oppose avec succès aux travailleurs et les trompe si habilement, qu'ils lui donnent le nom de sorcier. Désespérant de le vaincre par les moyens naturels, les superstitieux Normands lui opposent une vieille sorcière, qui, au moyen de ses enchantements, s'engagea à déconcerter toutes ses ruses, et qui, pour cet effet, monta sur une tour de bois qui protégeait les ouvrages les plus avancés, encourageant les soldats et les travailleurs à ne rien craindre. Mais tout-à-coup Hereward parut et, mettant le feu à une forêt d'osier, il brûla la tour avec la magicienne ; la plus grande partie des Normands périt au milieu des flammes. Ainsi, le courage et la prodigieuse activité d'un seul homme arrêtait toutes les forces du nouveau roi. Bloqués dans leur île comme dans une ville de guerre, sans secours, sans provisions du dehors, les Anglais, soutenus par l'exemple de leur chef, résistaient à une armée bien supérieure en nombre, et chaque jour quelque nouvel avantage remporté sur l'ennemi relevait leur confiance et leur courage. On ne sait même trop ce qui serait advenu de cette lutte désespérée, sans l'indigne trahison de quelques moines, qui, pour échapper aux horreurs de la faim, offrirent à Guillaume de lui livrer un passage secret, sous la condition que les biens du monastère seraient respectés. La proposition fut accueillie avec joie. On promit aux moines tout ce qu'ils demandèrent, sauf à l'oublier plus tard, et les troupes normandes, pénétrant inopinément dans l'île, massacrèrent mille Anglais; puis, se portant rapidement sur le camp du Refuge, elles forcèrent les insurgés à mettre bas les armes. Comme de coutume Guillaume se montra impitoyable après la victoire. Sans respect pour le courage malheureux, il traita avec une odieuse inhumanité ces braves guerriers que la trahison seule lui avait livrés. Hereward, avec un petit nombre de compagnons, parvint à s'échapper. Il guerroya encore quelque temps; puis, vaincu comme autrefois Hercule, il reçut la main d'une noble dame qui l'avait charmé et oublia la gloire dans les émotions de l'amour.

Ainsi fut achevée la conquête de l'île. Nous avons voulu rapporter toutes les expéditions militaires avant de nous livrer à l'étude de la nouvelle administration imposée par Guillaume. C'est ce qui va maintenant nous occuper.

Une population indigène avec un roi étranger, un clergé étranger, une noblesse étrangère, tel est en raccourci le tableau que présenta l'Angleterre après la conquête. Ce n'était pas tout d'avoir vaincu, il fallait payer les vainqueurs. Il se trouva alors que Guillaume avait trop promis. Les Normands demandaient à hauts cris le partage ; il fallut en venir là. Tout le royaume fut mesuré, coupé, divisé en soixante mille domaines que se partagèrent les compagnons du duc de Normandie. Avec quelle ardeur les vainqueurs se précipitèrent sur cette proie opulente ! Avec quel empressement ils inscrivaient leurs noms sur cette liste insolente de nouveaux propriétaires et de nouveaux gentilshommes de l'Angleterre ! Le livre des conquérants devenus propriétaires s'appelle encore le *Doomsday-Book*. Disons aussi : que d'injustices, que de cruautés dans le partage! Tout Anglais qui avait pris les armes contre le duc Guillaume ou qui avait voulu les prendre était dépouillé de ses terres et de ses revenus. Guillaume gardait pour lui les trésors des anciens rois, l'orfèvrerie des églises et ce qu'on avait trouvé de plus précieux. Il envoya au pape une part de ces richesses. Au clergé, le roi donna des terres sans nombre, des croix, des vases d'or. A ceux qui avaient vendu leurs terres en Normandie pour l'aider aux premiers frais de la guerre, il donna le double de terre en Angleterre. Les chevaliers et les barons eurent des châteaux, des bourgades, des villes entières. Les simples vassaux eux-mêmes ne furent pas oubliés dans ce partage. Un seul Normand, nommé Guilbert, ne demanda rien pour sa peine.

Ainsi, tous ces aventuriers partis de Saint-Valery à la grâce de Dieu, ces soldats de fortune n'ayant que la cape et l'épée, étaient devenus d'illustres barons. Leurs noms roturiers étaient devenus des noms nobles dont la plupart encore sont chargés d'armoiries.

On ne peut trop décider si l'institution des fiefs de chevaliers a été originairement imaginée ou seulement introduite en Angleterre par la politique du conquérant. On a généralement supposé qu'il l'apporta de Normandie. Guillaume voyait que l'épée seule pouvait lui conserver cette couronne acquise par l'épée. L'hostilité incessante de ses voisins peut lui avoir suggéré l'expédient d'entretenir une force toujours prête à écraser les révoltés et à intimider les mécontents. Il n'était guère possible d'imaginer un plan mieux calculé pour obtenir ce résultat que celui qui obligeait chaque tenancier en chef d'avoir un certain nombre de chevaliers toujours prêts à combattre sous sa bannière et à obéir au commandement du souverain.

Les choses étaient ainsi distribuées : à la tête de l'état, le roi ; après lui, trente ou quarante grands tenanciers relevant du roi ; après les grands tenanciers, un nombre infini de sous-tenanciers relevant des grands tenanciers ; enfin, le serf et le peuple.

Chaque vassal devait à son seigneur immédiat, d'abord le service militaire, ensuite un certain nombre d'obligations et de charges dont la plus remarquable était l'hommage qu'il fallait rendre pour obtenir l'investiture de son fief. Sans armes, la tête nue, à genoux, les mains placées dans celles de son seigneur, le vassal répétait ces mots : « Écoutez, mon seigneur, je deviens votre homme-lige pour ma vie, pour mes membres, pour mes dignités terrestres ; je vous serai fidèle et sincère à la vie et à la mort. Ainsi, que Dieu me soit en aide. » Un baiser terminait la cérémonie.

Le Conquérant était parvenu à l'apogée de sa puissance. Des malheurs de famille vinrent lui rappeler qu'il était mortel. Son fils Robert se révolta contre lui ; son épouse, Mathilde de Flandre, femme simple et bonne, mourut en 1083. Cette princesse, restée modeste et chrétienne au milieu de sa haute fortune, avait souvent modéré par ses prières la violence de son terrible époux. Le roi Guillaume se livra désormais à toute l'impétuosité de son caractère.

Le roi de France, sans respect pour son vassal devenu roi, s'était permis de piller quelques parties de la Normandie et de parler assez légèrement de lui. Guillaume, brûlant du désir de se venger, repassa sur le continent. Mais à peine fut-il arrivé dans son palais de Rouen, qu'il lui fallut se mettre au lit. Son corps succombait sous le poids de la fatigue et de l'âge. Le roi de France l'apprend : « Quand donc accouchera-t-il ? » dit-il plaisamment, un jour, à ses courtisans, faisant allusion à l'embonpoint du duc. Le mot fut rapporté au roi Guillaume, qui se mit à jurer ses grands Dieux : « Par le Ciel, mes relevailles se feront à Notre-Dame de Paris, avec dix mille lances en guise de cierges. »

En effet, le voilà debout, guéri soudain par la colère. Il marche sur Paris. Il brûle, il arrache, il déchire tout ce qu'il rencontre sur son passage. La ville de Mantes, Mantes la Jolie, est mise à feu et à sang par des soldats forcenés que pousse la colère du maître. Lui-même, le conquérant, comme il galopait à cheval au travers de l'incendie, son cheval s'abattit dans les cendres brûlantes. Ce fut sa dernière campagne. On eut beaucoup de peine à le transporter jusqu'à Rouen. Puis, l'agitation de cette ville bruyante le fatiguant, il se fit porter dans un monastère situé hors des murs. Ce fut là qu'il mourut. Son agonie dura six semaines.

A son lit de mort ses deux jeunes fils Guillaume
et Henri veillaient, attendant les ordres et surtout
le dernier soupir de leur père. Robert, l'aîné,
n'avait pas paru depuis sa révolte ; mais le roi son
père lui avait précédemment promis le duché de
Normandie. « Quant au royaume d'Angleterre, dit-
il, je ne le lègue en héritage à personne, parce que
je ne l'ai point reçu en héritage, mais acquis au
prix d'une longue lutte et de beaucoup de sang ;
je le remets entre les mains de Dieu, me bornant à
souhaiter que mon fils Guillaume, qui m'a été
soumis en toutes choses, l'obtienne, s'il plaît à
Dieu, et qu'il y prospère. — Et moi, mon père,
que me donnes-tu donc ? lui dit vivement Henri,
le plus jeune de ses fils. — Je te donne 5,000 livres
d'argent de mon trésor, lui répondit Guillaume. —
Mais que ferai-je de cet argent, si je n'ai ni terre ni
demeure ? — Sois tranquille, mon fils, et aie confiance en Dieu ; souffre que tes aînés te précèdent,
ton temps viendra après le leur… » Henri sortit brusquement pour aller se faire peser les 5,000 livres
d'argent, et Guillaume se retira en même temps
pour aller recueillir la couronne d'Angleterre.

« Guillaume était donc cruellement désabusé. Il avait cru à l'obéissance, à l'affection des deux fils demeurés près de lui, quand Robert, emporté par l'ambition et par l'amour effréné des plaisirs, lui avait dit un éternel adieu, et dans ses derniers moments, il se retrouvait seul avec quelques serviteurs intéressés. Pas un ami auprès de son lit de mort, pas une voix affectueuse pour calmer et consoler ses souffrances, pas une main dévouée pour soutenir sa tête languissante. Son cœur dut être bien douloureusement frappé ; de tristes et d'accablantes pensées agitèrent sans doute son âme. Toute sa vie il n'avait rêvé que gloire et grandeur ; la couronne ducale de ses pères n'avait pas paru assez brillante à son orgueil ; il avait voulu pour son front le diadème des rois ; pour en ceindre sa tête, il avait affronté les dangers des combats, il avait sacrifié les trésors de ses sujets, répandu des flots de sang, semé sur ses pas des ruines qui devaient longtemps rendre témoignage de ses terribles vengeances ; il avait écrasé, humilié, dépouillé toute une nation innocente, spolié les églises, brûlé les monastères ; dans sa politique ombrageuse et cruelle, il avait frappé, abattu toute tête qui ne se courbait pas servilement devant son sceptre usurpé; il avait amassé contre lui bien des colères. Les malédictions des vaincus avaient demandé au Ciel vengeance, et les larmes des pauvres avaient parlé contre lui à celui qui jamais n'est sourd au cri de détresse de l'opprimé. Dieu l'avait frappé. Vingt ans durant il avait senti trembler sur son front la royale couronne qui lui avait coûté tant de travaux et de crimes. Ses fidèles barons eux-mêmes l'avaient méprisé, haï, et leur voix, unie à celles de ses ennemis, avait flétri son nom d'une de ces accusations qui déshonorent le plus la royauté. Le jour et la nuit les ombres des victimes que sa haine avait frappées s'étaient dressées devant lui comme autant de fantômes effrayants, et comme si ce n'eût pas été assez, quand il n'a plus que quelques heures à vivre, ses enfants l'abandonnent froidement, l'un pour se saisir d'un peu d'or, l'autre pour une couronne qui ne lui appartient pas encore. Qui ne reconnaîtrait ici la Providence, dont les hommes accusent quelquefois le sommeil apparent, mais qui un jour se manifeste terrible et sans pitié pour donner à ceux qui la méconnaissent de grands et salutaires enseignements?

« Le 10 septembre (1087), au moment où le soleil se montrait à l'horizon, le bruit des cloches éveilla le malade. Il demanda ce que signifiait ce bruit, et comme on lui répondit qu'on sonnait prime à l'église Sainte-Marie, il leva les mains et dit : « Je me recommande à Madame Marie la sainte mère de Dieu. » Ce fut sa dernière parole, et un moment après il expira. »

Aussitôt qu'il fut mort, ses médecins et ceux qui l'avaient assisté pendant sa maladie se retirèrent précipitamment, n'ayant d'autre pensée que de veiller sur leurs domaines et leurs maisons. Les serviteurs du prince s'enfuirent de leur côté, emportant tout ce qui leur tomba sous la main, les armes, l'argenterie et jusqu'aux vêtements ; pendant plusieurs heures le cadavre demeura à peu près seul et presque nu sur le plancher, jusqu'à ce que les prêtres et les moines vinssent en procession prier tour-à-tour pour l'âme du défunt. L'archevêque de Rouen voulut que le corps fût porté à Caen, pour y être déposé dans l'église de Saint-

Étienne, que Guillaume avait fait bâtir à ses frais. Mais au moment de le transférer, aucun membre de sa famille, aucun de ses officiers et barons ne se présenta pour présider au convoi, et ce fut un simple gentilhomme de la campagne qui, par bon naturel et pour l'amour de Dieu, se chargea de le faire ensevelir et transporter par eau jusqu'à Caen, où l'abbé de Saint-Étienne, à la tête de ses religieux et d'un nombreux clergé, vint recevoir le corps et le conduisit solennellement jusqu'à l'église du monastère.

« Un incident auquel on était loin de s'attendre vint encore troubler la cérémonie. La messe était achevée, et on avait descendu le corps dans la fosse creusée entre l'autel et le chœur, lorsqu'un homme, perçant la foule, s'écria à haute voix : « Clercs, évêques, ce terrain est à moi; c'était l'emplacement de la maison de mon père. L'homme pour lequel vous priez me l'a pris de force pour y bâtir son église. Je n'ai point vendu ma terre, je la réclame au nom de Dieu. » Cet homme se nommait Asselin. Sa demande parut juste, et les évêques lui payèrent soixante sous pour le lieu seul de la sépulture, lui promettant en outre de l'indemniser pour le reste du terrain qui lui avait été enlevé, et la cérémonie continua ; mais il se trouva que la fosse n'était point assez large ; on dut forcer le cadavre pour l'y faire entrer, et il creva, répandant par toute l'église une odeur infecte, qu'on combattit en vain par la fumée de l'encens et des parfums ; il fallut se presser, achever en toute hâte les dernières prières, dont le peuple n'attendit pas même la fin.

« Ainsi mourut, âgé de soixante ans, Guillaume le Bâtard ou le Conquérant, si diversement jugé par ses contemporains et par la postérité. Brave et fier comme ceux de sa race, infatigable, et se raidissant contre les obstacles et les dangers, prudent, habile, dissimulé jusqu'à la ruse et au mensonge, intrépide sur un champ de bataille, mais calculant à l'avance toutes les chances du succès ; fougueux et ardent, mais sans témérité, et ne s'engageant dans aucune aventure avant d'y avoir mûrement et longtemps réfléchi ; impétueux dans ses colères et sachant presque toujours les régler, les conduire dans les intérêts de sa politique ; ambitieux, avide de renom et de gloire, mais voyant cette passion sous des prétextes honnêtes et spécieux et n'hésitant pas au besoin à se servir du nom sacré de la religion pour mieux couvrir ses coupables pensées ; fier et hautain quand il pouvait l'être sans danger, et prenant, quand il le croyait utile, toutes les apparences de la modération et de la douceur ; vindicatif, ne pardonnant, n'oubliant jamais, mais sachant attendre l'heure favorable pour accomplir ses vengeances et les justifier par une espèce de l'égalité ; respectant la religion, attaché à la foi de ses pères, mais ne se faisant aucun scrupule de dépouiller les églises, de persécuter les évêques et les moines, et de bouleverser toutes les constitutions de l'église d'Angleterre, Guillaume fut un mélange bizarre de bonnes et de mauvaises qualités, de vertus et de vices, de grandeur et de faiblesse ; il y eut en lui comme deux hommes, et l'histoire a pu le glorifier ou l'accuser, selon qu'elle l'a considéré sous son bon ou mauvais côté. » (THIERRY.)

ROBERT II, COURTE-HEUSE,

Huitième Duc de Normandie.

1087 — 1134.

Robert, surnommé Courte-Cuisse ou Courte-Heuse, était né avant que Guillaume le Bâtard ne songeât à la conquête de l'Angleterre.

Ce prince avait un caractère éminemment chevaleresque; on reconnaissait en lui le petit-fils de Robert le Diable, dont il avait les qualités et les défauts.

Lorsque le duc son père s'était déterminé à envahir l'Angleterre, craignant avec raison pour la sûreté de ses propres domaines, il avait stipulé avec le roi de France la cession de la Normandie à Robert, en cas de succès. Mais, comme il arrive d'ordinaire, l'ambition de Guillaume s'accrut avec sa fortune. Il ne voulut renoncer ni à la Normandie, parce qu'elle était sa patrie, ni à l'Angleterre, parce qu'elle était sa conquête.

Le mécontentement de Robert, que ses amis prenaient soin d'entretenir par de secrètes instigations, éclata tout-à-coup, par l'imprudence de ses frères Guillaume et Henri. Ces princes s'enorgueillissaient de la faveur particulière de leur père, et ils étaient jaloux des prétentions ambitieuses de Robert. Tandis que la cour se trouvait pour peu de jours seulement dans la petite ville de Laigle, ils se rendirent à la maison marquée pour la résidence de leur frère, et d'un balcon ils lui versèrent une cruche d'eau sur la tête pendant qu'il se promenait devant la porte. Albéric de Grandmenil l'engagea à se venger de cette injure. Aussitôt il s'élança au haut de l'escalier l'épée nue à la main. L'alarme fut donnée à l'instant. Guillaume s'empressa d'accourir sur les lieux et ne put qu'avec peine séparer ses enfants. Mais Robert s'éloigna secrètement le même soir, fit une tentative inutile pour surprendre le château de Rouen, et, trouvant dans les barons normands des partisans prêts à le soutenir, il déclara la guerre à son père.

Sa tentative échoua. Il fut chassé de la Normandie et forcé d'errer pendant cinq années dans les contrées voisines, sollicitant le secours de ses amis et dépensant pour ses plaisirs l'argent qu'ils lui prêtaient. Il reçut de sa mère Mathilde des présents nombreux et considérables. Enfin, l'exilé fixa son séjour au château de Gerberoi, qu'il avait reçu du roi de France, et pourvut à ses besoins par le pillage des contrées voisines.

Guillaume, excité par les plaintes du peuple de Normandie, vint assiéger le château. On dit que, dans une rencontre, le père et le fils se battirent en combat singulier sans se reconnaître. La jeunesse de Robert était redoutable pour l'âge de Guillaume. Il blessa son père à la main et tua son cheval sous lui. Guillaume, désespérant du succès, leva le siége.

Ceci se passait peu d'années avant la mort du

Conquérant. Lorsqu'il eut rendu le dernier soupir, Robert, peu ambitieux, laissa échapper la brillante occasion de placer sur sa tête la couronne d'Angleterre, et, laissant Guillaume le Roux, son frère, solliciter les suffrages, il se contenta du cercle ducal, dont il fut couronné à Rouen (1087).

Mais les seigneurs normands ne virent pas sans regret Guillaume s'emparer de la couronne d'Angleterre. Il était à craindre que les rois de ce pays ne voulussent à leur tour joindre la Normandie à leurs autres états. L'évêque de Bayeux, ennemi personnel de son neveu Guillaume, forma bientôt par ses intrigues un parti en faveur de Robert. Il ne fallait pas une grande éloquence pour persuader à ceux qui avaient à la fois des possessions en Angleterre et en Normandie qu'il était de leur intérêt de tenir leurs terres d'un seul et même souverain, et que, s'il y avait un choix à faire entre les deux frères, on ne pouvait douter que le caractère facile et généreux de Robert ne méritât la préférence sur le génie soupçonneux et les manières hautaines de Guillaume.

Un parti puissant fut donc organisé en Angleterre, dans lequel un grand nombre d'évêques et de barons mirent la main. Mais l'indolence caractéristique de Robert, lui ayant fait négliger l'époque à laquelle il fallait se montrer lui-même à la tête d'une armée, au milieu de ses partisans, fut cause que son entreprise échoua, et il ne lui en revint qu'un redoublement de haine de la part de son frère, qui ne tarda pas lui-même à mettre en exécution le projet longtemps nourri d'étendre sa puissance jusque sur le beau duché de Normandie.

Dans cette intention, voici que Guillaume le Roux s'éprend d'une belle affection pour les Anglais vaincus et réduits en servitude par son père; il les protége en apparence. Quelques Normands trop cruels envers leurs serfs sont punis; en peu de mois Guillaume est profondément ancré dans le cœur du peuple.

L'occasion ne pouvait être plus favorable. Robert ne tenait que d'une main faible les rênes du gouvernement. Il consommait ses revenus à ses plaisirs et diminuait par des concessions imprudentes le domaine ducal. Sa détresse le contraignait de solliciter l'assistance de Henri, à qui il vendit

pour trois mille livres le Cotentin, presque le tiers
du duché. Guillaume donc met ses émissaires en
campagne. Ni ruse ni fourberie ne lui répugnaient.
Une judicieuse distribution de présents décida
plusieurs Normands à la trahison. Saint-Valery lui
est livré ; Rouen même faillit devenir sa proie.
Conan, le plus riche et le plus puissant des citoyens
de cette ville, s'était engagé à la livrer au roi d'Angleterre. Heureusement pour Robert le complot fut
découvert. Ses amis, Henri, son frère, Robert de
Bellesme, Guillaume de Breteuil et Gilbert de Laigle
accoururent avec des troupes, et un combat s'engagea dans la ville même. Les rues de la cité furent
remplies de meurtres et de confusion. Enfin, les
Anglais furent chassés, et Conan fut conduit prisonnier dans la forteresse. Robert le condamna à
une prison perpétuelle ; mais Henri, qui connaissait trop bien la facilité de son frère, demanda et
obtint la garde du prisonnier. Il le mena aussitôt
sur la tour la plus élevée, l'invita à contempler la
beauté du site environnant et, le saisissant alors par
le milieu du corps, le lança par-dessus les créneaux. L'infortuné Conan fut fracassé, et le prince,

se tournant vers les spectateurs, observa froidement que la trahison ne doit jamais rester impunie.

Le gant était jeté. Guillaume, au mois de janvier suivant, passa la mer avec une armée nombreuse. Tout présageait une guerre longue et cruelle, lorsque les barons qui tenaient des terres des deux frères entreprirent une réconciliation. Elle s'effectua en effet, sous la médiation du roi de France. La politique de Guillaume triompha encore une fois de la crédulité de Robert. Il retint les forteresses qu'il avait acquises en Normandie, promettant d'en dédommager son frère par un équivalent en Angleterre. Un article additionnel stipula qu'à la mort de l'un des deux princes, le survivant succéderait à ses états. A la suite de cette expédition, Guillaume eut l'adresse d'entraîner son frère dans une expédition contre Henri, leur plus jeune frère, qui s'était retiré au Mont-Saint-Michel. La place fut prise, et le roi d'Angleterre se l'adjugea.

Mais ce que Guillaume le Roux cherchait depuis si longtemps à obtenir par la force, l'esprit chevaleresque de Robert finit par le lui abandonner volontairement.

C'était l'époque des croisades. Urbain II, qui occupait la chaire papale, avait reçu les lettres les plus pressantes du patriarche de Jérusalem et de l'empereur de Constantinople. Le premier peignait avec de vives couleurs les souffrances des chrétiens orientaux sous le joug de leurs maîtres mahométans. Le second cherchait à alarmer les nations occidentales en décrivant le danger auquel l'approche rapide des Sarrasins exposait la ville impériale elle-même. Leurs représentations réussirent, et le pontife résolut d'opposer l'enthousiasme des chrétiens à celui des infidèles. L'esprit d'aventures qui avait distingué les tribus du Nord vivait encore parmi leurs descendants; et le pape pensa avec raison que cette ardeur serait invincible si elle était sanctifiée et dirigée par l'impulsion de la religion. C'était d'ailleurs la plus belle époque de la chevalerie, cette institution pleine d'amour, de courage et de foi, qui faisait jurer aux chevaliers de consacrer leur vie aux redressements des maux de la société et au soulagement des malheureux. Lorsque, dans le concile de Clermont, Urbain conseilla une expédition pour recouvrer la Terre-

Sainte, la proposition fut reçue avec le cri unanime que c'était la volonté de Dieu. Ceux qui avaient entendu la voix éloquente du pontife, à leur retour dans leurs foyers, répandirent la même ferveur parmi leurs concitoyens, et des milliers d'hommes de toutes les parties de l'Europe, de la France surtout, se hâtèrent d'aller répandre leur sang pour la cause de la croix, et pour arracher à l'opprobre de la domination musulmane le sépulcre du Christ.

Robert brûlait de prendre part à l'entreprise; mais, pour paraître parmi les princes confédérés avec tout l'éclat dû à sa naissance et à son rang, il fallait faire des dépenses que ne lui permettait pas sa pauvreté. L'avarice de son frère fut sa seule ressource. Il lui offrit le gouvernement de ses états durant cinq années consécutives, moyennant une somme de dix mille marcs. Sa proposition fut acceptée à l'instant. Guillaume pressura les infortunés Anglais pour réunir cette somme, et Robert, le cœur joyeux, partit pour aller chercher les dangers et la gloire, tandis que son frère venait prendre possession de la Normandie (1096).

Il n'entre pas dans notre plan de raconter ici ce qui a rapport à la vie de Guillaume le Roux et à son gouvernement. C'était, dit l'historien Lingard, une homme violent, avare et débauché, également détesté des Anglais et des Normands. Il était de petite taille et très-replet. Il avait les cheveux blonds et le visage très-coloré ; ce qui lui fit donner le surnom de *Rufus*, ou le Roux.

Sa mort, qui arriva pendant l'absence de Robert, fut marquée par un incident qu'il n'est pas inutile de remarquer. Un jour qu'il se trouvait réuni avec quelques compagnons de débauche dans le château de Winchester, après le second repas du matin, il leur prit fantaisie d'aller chasser dans la Forêt-Neuve. Toute la bande joyeuse se met en route. On fait halte sur la lisière du bois. Le roi allait pénétrer dans la forêt, quand un moine, l'arrêtant d'un geste effrayé, lui raconta que, la nuit même, il avait eu une vision : il avait vu le roi Roux cité à comparaître devant le trône de Dieu ! « Bon père, dit le prince, vous me dites là des choses que ne croirait pas un porc saxon ; mais cependant j'ai hâte, vous me raconterez le reste à mon retour. » Le moine était un saxon. Il vit défiler devant lui tous ces princes. La chasse commence. Mais soudain tout s'arrête; plus de bruit, plus de cris de joie; le roi est mort sans qu'on puisse savoir qui l'a frappé (1100).

Quelques bûcherons recueillirent son corps; car les compagnons de ses fêtes s'étaient enfuis. Une souquenille usée lui servit de linceul. Son corps ne fut pas mis en terre sainte.

Guillaume mort sans enfants, la couronne revenait à Robert; mais il n'était pas là pour recueillir la succession. Son plus jeune frère, Henri, accouru de son exil de Bretagne, où il s'était retiré après la prise de son château du Mont-Saint-Michel, s'empara du trésor et, à l'aide de ce qu'il y trouva, parvint à se faire couronner roi d'Angleterre. Bien plus, il épousa Mathilde, nièce du prétendant Edgard que Guillaume le Conquérant avait dépossédé, et réunit ainsi sur sa tête les droits de l'ancienne dynastie saxonne et ceux que la conquête avait donnés à Guillaume.

Cependant les croisés, au nombre de soixante mille, ayant à leur tête Godefroi de Bouillon, Hugues de Vermandois, frère du roi; Robert, comte de Flandre ; Raymond de Toulouse et notre Robert de Normandie, avaient pris la route de Constantinople pour se rendre à Jérusalem. Après quelques démêlés avec l'empereur, les pèlerins passèrent l'Hellespont et allèrent mettre le siège devant Antioche, dont ils s'emparèrent. Ils continuèrent ensuite leur marche vers la ville sainte, et bientôt elle tomba en leur pouvoir. Robert Courte-Heuse, qui, dans cette longue expédition, s'était distingué par une foule d'exploits, fut d'abord choisi comme roi de Jérusalem. Mais cette couronne lui sembla trop lourde ; il la céda aux mains généreuses de Godefroi de Bouillon, et, ayant accompli son pèlerinage, il reprit la route de son duché, par l'Italie.

Comme il passait par la Pouille, une belle princesse, Sybille, fille du comte de Conversano, gagna son cœur (1100) et devint son épouse. Ce fut à ses pieds que Robert perdit l'heure propice pour devenir roi d'Angleterre. Henri occupait déjà depuis un mois le trône lorsqu'ils débarquèrent en Normandie ; mais ses vassaux montraient une vive ardeur de combattre sous un prince qui avait cueilli des lauriers dans la Terre-Sainte. Il lui vint secrètement d'Angleterre des offres de secours, et des forces puissantes, en hommes d'armes, en archers et en fantassins, reçurent l'ordre de s'assembler dans le voisinage du Tréport. Il donna le commandement de quelques-unes des forteresses les plus importantes de la Normandie aux barons anglais qui venaient s'engager à épouser sa cause, à Robert de Bellesme, à Guillaume de Varennes, à Ivon de Grandmenil. Son but était de s'assurer de leur coopération ; mais il dut bientôt regretter une mesure qui affaiblit son pouvoir et qui causa enfin sa ruine.

Au mois d'octobre 1101, il s'embarqua au Tréport avec ses partisans. Henri s'était placé à Hastings pour s'opposer au débarquement de son frère. Mais Robert alla débarquer à Portsmouth, sans rencontrer d'opposition. Il se dirigea de suite sur Winchester. Quelques barons abandonnèrent Henri et vinrent se ranger du côté de Robert.

Mais au moment où les deux frères étaient près d'en venir aux mains, grâce aux conseils de quelques courtisans intéressés, ils s'arrangèrent. Robert eut la faiblesse d'abandonner ses droits à la couronne d'Angleterre moyennant une pension de trois mille marcs et l'abandon que lui fit Henri de tous les domaines qu'il possédait en Normandie, excepté toutefois la ville de Domfront. Il fut convenu en outre que Robert hériterait de la couronne d'Angleterre dans le cas où Henri mourrait sans enfants. Robert passa quelque temps en Angleterre, puis revint dans son duché, où son épouse Sybille lui donna bientôt un fils qui reçut le nom de Guillaume.

Le noble caractère de Robert n'admettait pas même le soupçon de la perfidie. Mais Henri était aussi rusé que son frère était généreux. A peine fut-il délivré des archers de Normandie, que tous les nobles qui avaient pris parti pour son frère furent déclarés criminels et proscrits. Parmi les plus marquants seigneurs qui disparurent ainsi, l'histoire à conservé les noms de Robert Mallet, de Guillaume de Morton, Ivon de Grandmenil et Robert de Bellesme, l'intime ami de Robert.

Jusqu'à cette époque, le duc Robert avait observé religieusement les conditions de la paix; il avait même, à la première nouvelle de la rébellion de Bellesme, ravagé les terres normandes de ce seigneur. Mais bientôt, comprenant que le crime réel des proscrits n'était que l'attachement montré jadis par eux à ses intérêts, il se rendit en Angleterre pour adresser ses réclamations à son frère. Celui-ci le reçut à la vérité avec le sourire de la tendresse; mais Robert ne tarda pas à s'apercevoir qu'il était captif. Il lui fallut, pour retourner dans ses états, renoncer à son annuité de trois mille marcs. Après un pareil traitement, le duc de Normandie ne pouvait plus douter de la haine de son frère, et, pour sa propre défense, il accepta les services et l'amitié du proscrit Bellesme, qui possédait encore trente-quatre châteaux en Normandie. Henri reçut cette nouvelle avec joie; il déclara rompue l'alliance entre Robert et lui; il reçut et peut-être suggéra l'invitation que lui firent les ennemis du duc de s'emparer de la Normandie; il résolut d'en placer la couronne sur sa tête. Il eut même l'impudence de se faire honneur de la pureté de ses motifs, de se donner comme le sauveur d'une contrée malheureuse.

« Il se peut, à la vérité, comme les panégyristes l'affirment, que le duc fût faible et inconsidéré, qu'il employât son temps et son argent à la poursuite des voluptés, qu'il se laissât voler par sa maîtresse et par les compagnons de ses plaisirs, qu'il souffrît que ses barons se fissent la guerre entr'eux et qu'ils accablassent ses sujets de toutes les calamités; mais il est difficile de croire que ce fût la pitié et non l'ambition qui portèrent Henri à tirer l'épée contre son infortuné frère. » (LINGARD.)

Au commencement de l'année 1106, les vaisseaux anglais débarquèrent à Barfleur, et Henri, se dirigeant sur Bayeux, fit le siége de cette ville. Mais ceux qui la défendaient firent une vigoureuse résistance, et les Anglais eurent beaucoup de mal à s'en emparer. De Bayeux Henri se dirigea sur Caen; il parvint à gagner quelques-uns des principaux de la ville, qui lui en ouvrirent les portes. Robert s'était retiré à Falaise. Son frère envoya un détachement pour l'assiéger; mais la place était imprenable. On tenta une réconciliation; les deux frères eurent une entrevue à Cintheaux, entre Caen et Falaise. Henri se montra exigeant à l'excès; la réconciliation fut manquée, et Henri, renforcé par de nouvelles troupes venues d'Angleterre, se dirige sur Tinchebray, où l'armée normande l'attendait. L'action fut sanglante et opiniâtre. Plus de quatre cents chevaliers du côté de Robert furent blessés ou faits prisonnier. Robert lui-même fut pris, et le vainqueur se hâta de l'envoyer en Angleterre, de crainte que quelqu'insurrection ne vint le remettre sur le trône.

Ainsi, Robert, qui, par sa naissance, était appelé à régner sur l'Angleterre et sur la Normandie, se vit enlever successivement ces deux pays par ses frères. Il s'était facilement consolé de la perte de l'Angleterre. Mais pour la Normandie il avait dédaigné la couronne de Jérusalem. La Normandie était le berceau de la puissance normande. Elle paraissait tôt ou tard devoir en devenir de nouveau le siége.

Le prince était doué de courage et de générosité ; mais il manquait d'ordre et de politique. Il ne comprit pas que la conquête de l'Angleterre avait changé la position de son peuple, et que, pour retenir dans l'obéissance un état plus vaste, il fallait un pouvoir plus fort. Il avait voulu régner comme les anciens ducs; mais cela n'était plus possible : il succomba dans la lutte.

Pendant plus de vingt ans le malheureux Robert expia dans les fers les erreurs de sa jeunesse. On dit même que son frère lui fit ôter la vue. Il laissait un fils, Guillaume, qui reçut le surnom de Cliton, et qui, trop jeune pour lui succéder, vit l'héritage de son père passer aux mains des Anglais.

HENRI Ier, BEAU-CLERC,

Roi d'Angleterre, — Neuvième Duc de Normandie.

GUILLAUME CLITON, PRÉTENDANT.

1106 — 1135.

La ruse ou la bravoure, peut-être les deux, venaient de réunir sur la tête de Henri d'Angleterre toutes les couronnes qu'avait portées son père. Ainsi se trouvait accomplie la prédiction du Conquérant sur son lit de mort : Souffre que tes aînés te précèdent, ton temps viendra après le leur.

Nous avons vu qu'au commencement du règne de ses frères, Henri s'était attaché à la fortune de Robert. Était-ce politique ou amitié? Je ne sais ;

mais si l'on mettait dans la balance la longue et dure captivité de Robert au château de Devises après que son frère l'eut vaincu, il serait difficile de croire à une affection sincère.

Du reste les premières raisons de mésintelligence vinrent du côté de Robert. Lorsqu'en 1091, il eut fait une première paix avec Guillaume le Roux, son frère, roi d'Angleterre, tous les deux, alarmés des talents et de l'ambition de Henri, réunirent leurs forces, s'emparèrent des châteaux que Robert lui avait vendus dans le Cotentin et allèrent l'attaquer dans sa forteresse du Mont-Saint-Michel. C'était une injustice criante.

On sait que le Mont-Saint-Michel est un rocher séparé du continent par une grève d'une lieue et que la mer baigne de son flux. Un bourg entier est attaché aux flancs de cette montagne escarpée. Un monastère, une forteresse bâtie par Richard Ier donnent un aspect étrange à ce boulevard, que la mer change en île deux fois par jour. Henri s'était retiré là comme dans une retraite qu'il croyait inaccessible. Ses ennemis attendirent que la disette eût diminué ses forces et l'obligeât à capituler. C'est ce qui arriva au bout de quinze jours. Le manque d'eau força la garnison à se rendre. Henri n'obtint qu'avec difficulté la permission de se retirer en Bretagne. Il erra pendant deux ans dans le Vexin, souffrant toutes les privations de la pauvreté, et sans autre escorte qu'un chevalier, un chapelain et son écuyer. Enfin, il accepta des habitants de Domfront le gouvernement de leur ville et recouvra par degrés la plus grande partie de ses anciennes possessions.

Peu de temps après ces événements, Robert partit pour aller cueillir des lauriers en Palestine. Henri, plus prudent, resta, attendant une occasion favorable pour augmenter sa fortune. L'événement ne tarda pas à se prêter à ses projets. Guillaume le Roux mourut, comme nous l'avons dit, au milieu d'une chasse, d'un coup de flèche. Henri, toujours aux aguets, court à Winchester, s'empare du trésor royal, et le dimanche suivant, trois jours après la mort de son frère, il est couronné roi par Maurice, évêque de Londres.

Le même jour, on eut soin d'informer la nation des avantages qui devaient résulter de l'avénement d'un nouveau monarque. Pour donner à ses droits la force qui leur manquait, Henri prétendit les rattacher aux intérêts du peuple et publia une charte de liberté dont on envoya des copies dans les divers comtés et que l'on déposa dans les principaux monastères. Par cet acte, 1° il rendait à l'Église ses anciennes immunités et promettait de ne pas vendre les bénéfices vacants; 2° il accordait à tous ses barons et vassaux immédiats le droit de disposer de leurs biens personnels et de donner en mariage leurs filles à qui ils voudraient; 3° à la masse de la nation il promettait de mettre en vigueur la loi d'Édouard le Confesseur.

Jusque là sa conduite morale avait été aussi répréhensible que celle de son prédécesseur. La politique lui apprit à affecter le zèle et la sévérité. Il renvoya ses maîtresses, il chassa de sa cour les hommes qui avaient scandalisé le public par leur vie efféminée et leurs débauches. A la sollicitation des prélats, il consentit à se marier, et l'objet de son choix fut Mathilde, fille de Malcolm, roi d'Écosse, et de Marguerite, sœur d'Edgard le prétendant.

Henri s'était hâté de faire toutes ces choses avant

l'arrivée de Robert, qui revenait de Palestine couvert de gloire et prêt à disputer la couronne les armes à la main.

Une lutte ne pouvait manquer d'éclater entre les deux frères. Elle éclata. Les liens du sang ne sont pas assez forts pour faire taire l'ambition quand il s'agit d'une si belle couronne. Nous avons déjà dit par quelle suite de ruses, de trahisons et par quelle subtile politique, le rusé Henri était parvenu à affaiblir et à détrôner son frère. Quand il l'eut vaincu à Tinchebray (1106) et renfermé dans le château de Devises, le rêve de son ambition se trouva enfin accompli, et il fut tenté de se croire le plus heureux des hommes; mais la main de Dieu, en s'abattant sur sa famille, ne tarda pas à lui faire sentir que la gloire de ce monde n'est qu'une fumée et que la plus grande ambition d'un prince devrait être non pas d'agrandir ses domaines, mais de rendre ses sujets heureux, afin d'avoir un jour toutes leurs actions de grâces à présenter devant le tribunal éternel.

Henri régnait depuis douze ans; la paix était partout, la sécurité profonde. Après un long séjour en Normandie, le roi d'Angleterre et sa cour, réunis à Barfleur, se préparaient à repasser en Angleterre sur ses navires, lorsque le patron d'un vaisseau nommé la *Blanche-Nef* se présente au prince, en lui disant : « Je m'appelle Thomas, je suis fils d'Étienne, un Normand de la conquête bien connu du duc Guillaume ; et afin que vous ne l'ignoriez pas, c'est mon père qui prêta sa barque au duc lorsqu'il partit pour aller conquérir l'Angleterre. Bien des fois mon père m'a raconté ce beau moment de sa vie, et je désirerais, à mon tour, conduire dans son royaume d'Angleterre le propre fils du grand roi. »

Ce maître de barque était un homme énergique et dévoué. Son navire était tout neuf et déployait ses blanches voiles dans le port ; aussi sa prière fut-elle favorablement accueillie. Le roi répondit au patron Thomas que, pour lui, il avait son vaisseau, mais que ses enfants Guillaume et Richard et ses filles pourraient monter sur la *Blanche-Nef*.

Aussitôt la foule des jeunes gens et des dames se précipite sur le vaisseau de Thomas. Tous les noms de ces passagers ont été conservés : Guil-

laume, l'héritier présomptif de l'Angleterre et de la
Normandie, tout récemment marié à la fille de
Foulques, comte d'Anjou; Richard, son frère;
Mathilde, leur sœur; et avec eux quatre fils moins
légitimes du roi Henri et autant de filles belles et
bien faites; Thierry, empereur d'Allemagne; le
jeune Richard de Chester et sa femme; Gilbert
d'Exmes; en un mot, toute la cour dans ce qu'elle
avait de jeunesse et d'élégance. Cependant le vaisseau royal voguait au loin, poussé par la brise.
La *Blanche-Nef* suivait, toutes voiles déployées,
lorsqu'elle heurta tout-à-coup contre un roc. Le
choc fut terrible. Dans cette carène entr'ouverte,
la mer monta en grondant. A peine si les naufragés
eurent le temps de pousser un cri de détresse. Le
roi d'Angleterre entendit de loin ce cri terrible.
« Bon! se dit-il en riant, entendez-vous mes enfants qui jouent? » C'en était fait de la *Blanche-Nef*.
Tous les passagers, au nombre de plus de trois
cents, étaient morts déjà, moins un jeune homme
qui se cramponna à la grande vergue et de qui
l'histoire a reçu les détails de cette lamentable
aventure. Le patron Thomas reparut un instant

au-dessus de l'eau. « Le fils du roi s'est-il sauvé? » s'écria-t-il. Et comme personne ne répondit, il cessa de nager et disparut dans les flots. Ainsi, le roi Henri retourna seul dans son beau royaume. L'Angleterre et la Normandie pleurèrent également le jeune Guillaume, héritier de deux couronnes et mort d'une façon si déplorable. Sa jeune épouse au désespoir prit le voile dans l'abbaye de Fontevrault. Depuis ce temps on ne vit plus sourire le roi Henri.

A peine arraché aux larmes de ce douloureux événement, Henri vit se former contre lui un parti très-puissant, destiné à faire revivre les droits de Guillaume Cliton, fils de Robert, sur la Normandie et l'Angleterre même. Car Henri n'avait plus de fils, et les Normands n'aiment pas à changer de maîtres.

Après l'arrestation de son père, Guillaume Cliton, alors âgé de cinq ans seulement, avait été imprudemment confié par le roi d'Angleterre à la garde d'Hélie de Saint-Saens, qui avait épousé une fille illégitime de Robert. Lorsque, par les conseils de son ministre, Henri eut réfléchi que cet enfant pourrait un jour lui disputer la couronne, il envoya un messager de confiance pour surprendre le château de Saint-Saens et s'emparer de la personne de Guillaume. Mais il n'était plus temps. L'adresse des domestiques d'Hélie rendit inutile la diligence du messager royal, et le tuteur abandonna sur-le-champ le domaine pour assurer le sort de son pupille.

Il conduisit le fils de Robert de cour en cour, et partout son innocence et ses malheurs lui gagnèrent des partisans et des protecteurs. Le plus puissant d'entr'eux fut Louis VII, roi de France, qui le fit élever à sa cour et lui apprit le métier des armes, en attendant l'heure de la vengeance.

Dès 1116, une ligue se forma pour soutenir ce jeune homme, brave, illustre et qui promet de devenir un héros. Baudouin, comte de Flandre, et Louis, roi de France, s'engagent à l'aider de tout leur pouvoir. Tous ces princes, qui avaient personnellement des motifs de plainte contre Henri, étaient très-disposés à sanctifier leurs ressentiments en épousant les intérêts d'un orphelin dépouillé. Ainsi, les brandons de la guerre furent allumes. Pendant plus de trois ans la fortune sembla se jouer des efforts des combattants. Des actions sans importance se livrent à Saint-Clair-sur-Epte, à Laigle, à la Ferté, à Évreux, à Alençon, à Neufchâtel. D'abord Louis fut obligé de demander au roi d'Angleterre la suspension des hostilités. Bientôt, au contraire, des succès répétés accompagnaient ses armes. Puis Baudouin mourut d'une légère blessure qu'il reçut au siège d'Eu. La guerre continua ainsi plusieurs années.

On se ferait difficilement une idée des maux qu'eut à souffrir la Normandie pendant cette première période de la lutte entre Guillaume Cliton et son oncle. Un exemple fera à la fois connaître le caractère de Henri et les passions violentes de cette époque. Eustache, seigneur de Breteuil, mari de Juliana, l'une des filles illégitimes du roi d'Angleterre, avait sollicité le don d'une forteresse importante qui faisait partie du domaine ducal. Henri soupçonnait sa fidélité; mais il ne voulut pourtant pas l'irriter par un refus absolu. On convint que les deux filles d'Eustache seraient remises à Henri comme gage de la fidélité de leur père, et que le fils du gouverneur du château, qui se nommait Harenc, serait confié au seigneur de Breteuil, comme garantie de l'engagement que prenait Henri de donner cette place à son gendre à la fin de la guerre. Eustache fut toutefois mécontent; il arracha les yeux de l'enfant et le renvoya à son père. Harenc, transporté de rage et impatient de se venger, demanda justice au roi, qui, ne pouvant atteindre la personne d'Eustache, lui livra ses deux filles. Leur innocence, leur jeunesse, leur naissance royale, rien ne put les garantir. Le barbare leur arracha les yeux et leur coupa le nez. Juliana résolut de venger ses filles sur son père. Retirée dans la citadelle de Breteuil, elle demande à parler au roi qui l'assiége, et comme il approchait, elle lui décoche un trait dans la poitrine. Son peu d'adresse la sauva du crime de parricide, et la nécessité la força de se rendre à discrétion. Si Henri lui eût pardonné, il eût peut-être mérité qu'on louât sa grandeur d'âme; mais la punition qu'il lui infligea, burlesque en elle-même, fut honteuse pour celui qui l'avait imaginée. Il fit fermer la porte et enlever le pont-levis, et lui envoya l'ordre péremptoire de quitter le château immédiatement. Juliana, forcée de se laisser glisser, au moyen d'une corde, dans le fossé rempli d'eau glacée, ne parvint que difficilement à regagner le bord opposé, au milieu des brocards des soldats qu'on avait rassemblés pour les rendre témoins de ce singulier spectacle.

Le pape Calixte II, informé des maux que causait cette guerre désastreuse, intervint pour y mettre un terme. Le roi de France, accompagné de Guillaume Cliton, parut au concile de Reims. Il accusa Henri de cruauté, d'injustice et d'ambition. L'archevêque de Rouen prit la défense du roi d'Angleterre. A la fin du concile, Calixte visita Henri, et celui-ci chercha à justifier ou à pallier sa conduite en présence du pape. Il nia avoir pris la Normandie à son frère. Robert, selon lui, l'avait déjà perdue par son indolence et par ses folies. Tout ce qu'il avait fait lui-même n'avait été que pour arracher l'ancien patrimoine de sa famille des mains des traîtres et des rebelles. Il n'était pas vrai que Robert fût détenu en prison : il était traité comme un prince retiré des soins et des fatigues du gouvernement; il vivait dans un château royal, était servi avec magnificence et jouissait de tous les amusements qu'il pouvait désirer. Quant à Guillaume, Henri assura le pontife qu'il portait à ce jeune prince toute l'affection d'un oncle; qu'il lui avait souvent offert un asile honorable. Bref, le pape vit qu'il n'y avait rien à espérer. Il n'en fit pas moins conclure une paix, ou plutôt une trêve, l'année même qui précéda le naufrage de la *Blanche-Nef*.

Mais cet événement, qui privait Henri d'héritiers, fut à peine connu, que la trêve fut rompue. Tous les yeux étaient fixés sur Guillaume Cliton. Ses vertus et ses malheurs étaient le thème général des conversations, et peu de personnes doutaient qu'il ne succédât définitivement au trône.

Walleran, comte de Meulan, fut le premier qui rompit la trêve, en prenant les armes pour le fils de Robert. Amaury de Montfort, comte d'Évreux, suivit son exemple. Foulques d'Anjou, que le roi d'Angleterre avait offensé en refusant de rendre le douaire de sa fille, lui fiança sa plus jeune fille Sybille et lui donna le comté du Mans. Aussitôt une foule de seigneurs se mirent en armes. Au mois de septembre 1121, ils tinrent une assemblée à la Croix-Saint-Leufroy, et là ils s'obligèrent par serment à faire la guerre au roi d'Angleterre et à mettre Guillaume sur le trône.

A la nouvelle de ce qui se passait en Normandie, Henri s'empressa de passer la mer. Il se rendit à Rouen, puis de là il alla mettre le siége devant Montfort-sur-Risle, château qui appartenait à Amaury. Les assiégés firent une vigoureuse résistance. Ce ne fut qu'au bout de trente jours que Henri put s'emparer de la place.

De Montfort le roi vint à Pont-Audemer, forteresse importante défendue par cent quarante chevaliers, à la tête desquels on remarquait Louis de Senlis et le chevalier Luc de la Barre, un bel esprit de ces temps-là, qui tenait également bien une plume et une épée. Dans les souterrains dont on voit encore la trace, les bourgeois avaient caché leurs objets les plus précieux. Henri porta dans ce siége tout ce qui lui restait de courage et de persévérance. La place fut investie de toutes parts. Une tour mobile qui dominait de vingt-quatre pieds les murs du fort fut bâtie par les ordres du roi. Ainsi attaquée, la ville se rendit. Les corporations des ouvriers vinrent le reconnaître pour leur seigneur.

De Pont-Audemer Henri se porta sur le bourg de Brionne, qui fut brûlé ; puis sur Vatteville-en-Caux, et de là sur Gisors.

Pendant ce temps, l'empereur d'Allemagne Henri V, à qui le roi d'Angleterre avait marié sa fille Mathilde, quelque temps avant le naufrage qui coûta la vie à tous ses frères, entra en France pour faire diversion et se dirigea sur Paris. Louis le Gros est obligé de retirer ses soldats à Cliton, pour repousser l'étranger, et le roi d'Angleterre en profite pour ressaisir toute la Normandie. Bientôt tous les partisans du fils de Robert mirent bas les armes et s'inclinèrent devant le vainqueur. Le roi de France seul lui resta fidèle.

Retiré à la cour de Louis, Guillaume Cliton reçut, avec la main de la sœur de la reine, les villes de Pontoise, Chaumont, Mantes, et le Vexin français. Puis Charles le Bon, comte de Flandre, étant mort assassiné à Bruges sans héritiers, le roi de France porta son protégé comme compétiteur. Guillaume était petit-fils de Mathilde, fille de Baudouin V de Flandre. Louis le Gros le fit proclamer à Arras, à Gand et à Bruges, et Henri, apprenant la fortune de son neveu, commença de nouveau à trembler pour la sûreté de ses possessions continentales.

Il engagea donc un ambitieux, Thierry d'Alsace, à réclamer la succession de Flandre, lui promettant son secours. Thierry prit les armes. Lille, Gand et plusieurs autres villes lui furent livrées. Guillaume ne démentit pas, dans cette circonstance, sa réputation de bravoure. Mais un coup de pique, parti d'une main obscure, vint abattre une si belle gloire au moment où elle était le plus florissante. Blessé à la main au siége d'Alost, il négligea la plaie. La gangrène s'y mit, et le prince expirant fut porté au monastère de Saint-Omer.

Là, de son lit de mort, Guillaume écrivit au roi d'Angleterre, recommandant à la clémence de son oncle les barons normands qui avaient suivi sa fortune parce qu'ils le croyaient leur prince légitime; puis il rendit l'esprit (1126).

Ainsi périt à la fleur de l'âge un prince qui était appelé à de hautes destinées. Le malheureux Robert put apprendre dans sa prison la mort de son valeureux fils. L'extinction de la postérité de Robert ne put décider le cruel Henri à mettre son frère en liberté.

Le roi d'Angleterre, débarrassé de son neveu, n'avait plus d'autre héritier que sa fille Mathilde. Cette princesse venait de perdre son époux, l'empereur d'Allemagne. Il s'agissait donc de lui trouver un parti digne d'elle, et surtout de la faire agréer par ses barons.

Il les assembla donc dans sa cour de Londres, le 25 décembre 1126, déplora devant eux la mort prématurée de son fils et présenta sa fille à leurs suffrages. Dans ses veines, observa-t-il, coulait le sang des Anglo-Saxons et des princes normands. Quels que fussent les sentiments de ceux qui l'écoutaient, aucun n'osa hasarder une observation, dans la crainte de son ressentiment. L'impératrice fut unanimement reconnue pour héritière, et le clergé d'abord, ensuite les laïques jurèrent de maintenir cet ordre de succession.

Le génie de Henri avait donc triomphé du premier obstacle; il surmonta également le second.

L'époux qu'il choisit à Mathilde fut le fils de ce même Foulques, comte d'Anjou et roi titulaire de Jérusalem, à qui il avait jadis demandé une femme pour son premier fils, Guillaume, celui qui périt sur la *Blanche-Nef*.

Geoffroi Plantagenet avait alors seize ans. L'impératrice Mathilde, sa femme, en avait trente. Geoffroi était dans tout l'éclat, dans toute la beauté d'une jeunesse virile. Il semblait à Henri qu'après tant de vicissitudes, la fortune s'attachait enfin à lui. Mais comme rien n'est complet en ce monde, et surtout la joie des conquérants, le gendre oublia bientôt ce qu'il devait au roi d'Angleterre et remplit ses derniers jours d'amertume.

Ce n'était qu'à regret que Mathilde avait consenti à épouser Geoffroi. Échanger le titre d'impératrice pour celui de simple comtesse d'Anjou, s'assujettir aux caprices d'un enfant de seize ans, irritait son amour-propre et blessait tous ses sentiments. Geoffroi, d'une autre part, avait hérité de l'esprit indomptable de ses ancêtres. Il prétendait forcer l'orgueil de sa femme à plier, au lieu de chercher à l'apaiser et à l'adoucir. Ils se querellèrent, se séparèrent, et Mathilde revint en Angleterre pour solliciter la protection de son père, tandis que Geoffroi réclamait la Normandie. On parvint enfin à les accorder, et Henri, avant de mourir, put voir les enfants de sa fille.

Mathilde était mariée depuis sept ans, lorsque la mort surprit son père. Un matin de novembre, pendant qu'il chassait dans la forêt de Lyons, une grande fièvre le saisit. Il se fit porter à Rouen, et l'archevêque fut appelé. Il mourut comme étaient morts les ducs de Normandie ses prédécesseurs, en chrétien qui se repent, et surtout en politique habile qui voit l'avenir ; il fit distribuer aux pauvres et à ses domestiques des aumônes et des récompenses abondantes ; il proclama sa fille Mathilde reine d'Angleterre et, à défaut de Mathilde, il désigna pour son successeur légitime le fils de Mathilde et de Geoffroi, un enfant que les Anglais appelaient fils-empereur, c'est-à-dire le fils de l'impératrice.

Henri avait fait trembler deux royaumes, et cependant, quand il fut mort, cet homme si puissant, ce fut à grande peine qu'on lui rendit les honneurs de la sépulture et qu'on partagea ses restes entre la Normandie, qui eut son cœur, et l'Angleterre, qui eut son corps. Cette impératrice, à qui il avait fait prêter tant de serments, ne devait pas monter sur ce trône qui lui avait tant coûté. Ce fut un neveu de Henri, Étienne, comte de Blois, qui courut en toute hâte s'emparer du trésor et de la couronne d'Angleterre (1135).

Henri fut un prince ambitieux et cruel. Soupçonneux, dissimulé et vindicatif, il ne pardonnait jamais et n'avait rien de sacré. Ses débauches égalèrent sa cruauté. Son seul mérite est d'avoir protégé les lettres; ce qui lui mérita le surnom de Beau-Clerc, que lui donnèrent ses contemporains. Il s'éleva sous son règne, pour le plaisir et l'amusement des seigneurs, une classe de versificateurs qui s'occupèrent à traduire les poésies étrangères et à en composer de nouvelles sur des sujets nationaux. C'est ainsi que l'histoire d'Alexandre le Grand et de Charlemagne fut mise en vers.

ÉTIENNE DE BLOIS,

Roi d'Angleterre, — Dixième Duc de Normandie.

MATHILDE ET GEOFFROI PLANTAGENET, PRÉTENDANTS.

1135 — 1154.

Étienne était le troisième des quatre fils qu'Adèle, sœur du feu roi d'Angleterre, avait donnés à son mari le comte de Blois. — Guillaume l'aîné vivait heureux dans le patrimoine de sa femme, l'héritière de Saulieu. — Théobald, le second, avait hérité des domaines de son père. — Henri, le plus jeune, élevé chez les moines de Cluny, était devenu évêque de Winchester. — Étienne seul s'était attaché à la fortune de son

oncle et paraissait, comme lui, dévoré d'ambition.
Henri lui avait donné, avec les éperons de chevalerie, plusieurs domaines considérables en Angleterre. Sa valeur aux champs de Tinchebray lui avait valu le comté normand de Moretoit, et depuis, par son mariage avec Mathilde, fille du comte de Boulogne, il avait hérité des états de son beau-père.

Son ambition, s'accroissant à chaque pas, lui persuada qu'il pouvait, après son oncle, porter la couronne d'Angleterre. Pourquoi pas en effet? Sa naissance n'était qu'une faible objection, qu'on eût également pu opposer aux quatre monarques qui l'avaient précédé. D'ailleurs, il descendait du Conquérant, il était populaire en Angleterre; il pouvait compter sur le secours de son frère Henri; et, ce qui était d'une plus grande importance, il pouvait être présent sur les lieux, tandis que Mathilde serait probablement retenue sur le continent.

Dans ces vues et avec ces espérances, Étienne débarqua sur la côte de Kent. Les habitants de Douvres et de Cantorbéry, qui connaissaient ou soupçonnaient l'objet réel de son voyage, refusèrent de le recevoir ; mais il fut accueilli avec bienveillance par les habitants de Londres, qui le proclamèrent immédiatement roi. A Winchester, il fut rejoint par l'archevêque de Cantorbéry, par celui de Surum, et par Guillaume du Pont-de-l'Arche, qui remit entre ses mains les clefs du château avec celles du trésor royal. On résolut de procéder immédiatement au couronnement. Il avait, à la vérité, aussi bien que ses adhérents, fait serment d'allégeance à Mathilde ; mais cette difficulté fut résolue par la doctrine commode qu'aucun serment n'est valable quand il est arraché par la force, et s'il resta quelque scrupule, il fut levé par la déclaration de Hugues Bigod, l'intendant de la maison du roi, qui jura hardiment que Henri, sur son lit de mort, avait déshérité sa fille et laissé sa couronne à Étienne. Quelques promesses d'immunités firent taire les réclamations du clergé.

Ce coup hardi nous montre dans Étienne une âme énergique et fière, où l'ambition remplaçait le génie et chez qui la gloire tenait lieu de vertu. Il savait se faire aimer par sa générosité, se faire pardonner par sa hardiesse, se faire craindre par son courage. Sa courtoisie gagnait les grands, sa condescendance attirait les petits. Il était depuis longtemps l'homme le plus populaire de l'Angleterre, et le peuple était disposé à favoriser les prétentions de celui qu'il aimait. Les sommes tirées du trésor royal lui assurèrent la fidélité de ses partisans, en attirant sous ses étendards une foule d'aventuriers qui intimidèrent ses ennemis. Les barons du voisinage, après quelques hésitations, consentirent à se rendre à sa cour; les plus éloignés vinrent lui faire hommage, et même Robert comte de Glocester, frère naturel et conseiller de Mathilde, consentit à lui prêter serment de fidélité. Les derniers qui le reconnurent furent les chefs des nouvelles familles, que la politique de Henri avait enrichies. Soit qu'elles fussent retenues par affection pour la mémoire de leur bienfaiteur, soit qu'elles craignissent la jalousie de leurs rivaux, elles hésitèrent quelque temps. Mais enfin, attirées par les promesses et intimidées par les menaces, elles se joignirent au torrent, et Étienne se trouva reconnu pour héritier de la couronne par la nation entière.

Cependant l'époux de Mathilde, Geoffroi d'Anjou, n'était pas homme à renoncer sans coup férir aux droits que lui donnait son mariage. Nous avons déjà signalé l'orgueil et l'insolence de ce jeune homme envers le roi son beau-père. Impétueux, plein de courage, avide, non pas seulement comme un prince, mais comme un marchand, tant que vécut le roi Henri Ier, Geoffroi avait arraché au père de Mathilde tout ce qu'il avait pu lui prendre : de l'argent, des châteaux. Dans la vieillesse du roi, l'Angevin redoubla d'exigence. Il parlait, disait-il, au nom de sa femme Mathilde ; il disait à l'avance que le trône d'Angleterre lui appartenait aussi bien que la Normandie. Le vieux roi Henri Ier mourut préoccupé de ce qui allait se passer après sa mort. Il est donc facile de prévoir qu'une collision va nécessairement avoir lieu. En effet, après neuf mois de préparatifs, Geoffroi marche sur la Normandie, qui lui a été infidèle en reconnaissant, quoique un peu contre son gré, la raison du plus fort. Guillaume de Poitou, Guillaume de Ponthieu, Geoffroi de Vendôme, et d'autres nobles seigneurs le suivent avec de bonnes lances. Une guerre de carnage et d'extermination s'engage. La Normandie est ravagée dans tous les sens. Vainement elle prend les armes plutôt pour se protéger que pour défendre les droits d'Étienne, qui lui importent peu. Au milieu de ce chaos, la dissension se met entre ses chefs. Chaque seigneur, chaque ville, avec sa bande armée, se prend à venger de petites injures personnelles, et ce n'est qu'après avoir vu Lisieux se brûler à sa barbe plutôt que de se rendre, que le comte d'Anjou, persuadé de l'inutilité de ses efforts contre un pays aussi mal disposé, comprit qu'il fallait renoncer pour le moment à cette conquête (1136).

Étienne avait laissé les Normands se défendre seuls et épuiser contre les Angevins l'énergie qu'il craignait de les voir tourner contre lui. Quand il vit Geoffroi parti, il débarqua à son tour en Normandie. Plus rusé que son compétiteur, il eut bien garde de se présenter comme conquérant. Mais il se porta comme le roi choisi par le clergé et les barons pour succéder au royaume d'Angleterre et au bien-aimé duché de Normandie, qui valait plus qu'une couronne. Il appuyait ces persuasives paroles d'une redoutable armée de Brabançons salariés, gens venus seulement pour parade, mais qui auraient pu au besoin renouveler sur le pays les fureurs du duc d'Anjou. Les Normands se réjouirent donc, parce qu'il fallait se réjouir, et ils crièrent vive le roi avec cet air de bonhomie qu'eux seuls savent prendre, comme s'ils eussent été enthousiasmés de voir Etienne au milieu d'eux.

Le roi d'Angleterre profita de ce séjour pour se ménager avec le roi de France une entrevue, dans laquelle il fut résolu que son fils Eustache serait proclamé duc de Normandie ou du moins investi du duché, et qu'il épouserait la princesse Constance, sœur de Louis (1137).

Le roi d'Angleterre ne tarda pas à être obligé de repasser la mer pour la défense de sa propre couronne. Un allié puissant, le roi d'Ecosse, venait de prendre parti pour Mathilde. Au mois d'août 1138, David pénétra dans le Yorkshire. Il y fit la guerre avec une férocité sauvage, et les écrivains du Nord déplorent avec une profonde douleur la profanation des églises, l'incendie des villages et des monastères, le massacre des enfants, des vieillards et des gens sans défense. Dans le désespoir général, Thurstan, le vénérable archevêque d'York, déploya dans un corps décrépit toute l'énergie d'un jeune guerrier. Il rassembla les hommes du Nord au nom de Dieu et leur promit la victoire ou le paradis. Les curés, accompagnés de leurs plus braves paroissiens, se réunirent à leur prélat. L'armée se mit en route après avoir jeûné pendant trois jours et aperçut l'ennemi à deux milles de Northalerton. Au moment de la bataille, on éleva au milieu de l'armée un étendard de nouvelle forme. C'était un mât attaché à un char et surmonté d'une croix. Au centre de la croix se trouvait une boîte d'argent qui contenait le saint sacrement, et au-dessous flottaient les bannières des trois saints patrons de la province. Dès que l'ennemi fut en présence, les troupes anglaises s'agenouillèrent, un évêque prononça la formule d'absolution, et l'attaque commença. Après de brillants efforts de part et d'autre, la victoire se déclara contre les Écossais.

Tandis que les comtés du nord éprouvaient ainsi toutes les horreurs d'une guerre de barbares,

Etienne était retenu dans le sud par les défections de ses barons. Depuis son avénement, chaque chef s'était permis d'élever sa forteresse, d'avoir son corps d'armée et de braver impunément l'autorité royale. Quelques évêques aussi s'étaient fortifiés de la sorte. Les efforts du roi pour réduire tous ces rebelles n'eurent d'autre résultat fondamental que de lui aliéner le clergé.

Le moment était propice pour tenter un revirement subit dans l'esprit public; la princesse Mathilde eut l'adresse de le choisir. L'ambition, la honte, les émotions de la guerre avaient éveillé toutes les colères de cette femme. Aidée par le comte de Glocester et naturellement portée à toutes les aventures de la guerre, elle passa la mer. Sur le rivage elle voit accourir le clergé anglais, mécontent d'Etienne. La guerre civile tant redoutée par Henri Ier et ses prédécesseurs éclate enfin. Malheureusement les vieux Saxons sont morts et ne peuvent en profiter pour rétablir leur indépendance.

Nous n'entrerons pas dans les détails de la longue guerre que se firent les deux rivaux. Mathilde fut d'abord assiégée dans le château d'Arundel, puis dans Bristol. Ses troupes furent battues d'abord ; mais au bout de quelque temps Etienne fut abandonné des siens dans une bataille près de Lincoln. Animé par l'énergie du désespoir, il se défendit longtemps seul ; sa hache d'armes fut brisée, son épée fut rompue, une pierre le renversa, et Guillaume de Kains, le saisissant par son heaume, le déclara son prisonnier. Il lutta cependant encore et refusa de se rendre à toute autre personne qu'à son cousin Glocester. Le comte prit possession du captif et le présenta à Mathilde. La conduite de cette princesse ne fait point honneur à son humanité. Etienne fut chargé de chaînes et enfermé dans son château de Bristol.

Pendant que Mathilde combattait pour la couronne d'Angleterre, Geoffroy, son époux, cherchait à s'emparer de la Normandie. Il échoua deux fois devant Falaise ; mais les événements qui s'étaient passés en Angleterre vinrent changer sa fortune. Bientôt il s'empara de Lisieux. Alors quelques partisans d'Etienne passèrent de son côté, et Falaise lui fut livrée.

Cependant un grand nombre de Normands ne

voulaient pas de Geoffroi pour leur duc. Ils s'adressèrent à Thibault, comte de Blois, et lui offrirent le cercle ducal. Thibault accepta; mais il ne se servit de l'offre qu'on lui faisait que pour aggrandir son pouvoir et adoucir le sort de son frère. Il céda la Normandie à Geoffroi, ou plutôt il consentit à ne pas se faire duc, à condition que Geoffroi lui céderait la Touraine et qu'Étienne serait mis en liberté.

Cette dernière condition était inutile. Mathilde n'avait pas tardé à fatiguer les Anglais par ses airs impérieux. Naturellement hautaine et vindicative, elle s'abandonna, dans l'ivresse du succès, à ces passions qu'elle avait réprimées soigneusement tant qu'elle avait pu redouter quelque résistance. Elle imposa une taxe onéreuse sur les habitants de Londres en punition de leur ancien attachement pour Étienne. Les bourgeois de Londres, excités contre elle par la femme du monarque captif, se soulevèrent un beau jour, et l'impératrice eût été faite prisonnière si une fuite précipitée ne l'eût tirée de leurs mains. Bientôt les partisans d'Étienne s'emparèrent de Robert de Glocester. Pour obtenir la liberté de son frère, Mathilde fut obligée de tirer Étienne de prison, et les choses se retrouvèrent dans l'état où elles étaient avant la bataille de Lincoln (1141).

Les deux partis étaient disposés à recommencer la guerre; mais une longue et cruelle maladie retint Étienne dans ses appartements, et Robert saisit cette occasion pour passer sur le continent, afin de solliciter les secours et la présence de Geoffroi, mari de Mathilde. Ce prince, pour lequel sa femme n'avait jamais été qu'un objet d'aversion, s'y refusa. Il avait entrepris de réduire la Normandie et il ne voulut point abandonner ce qu'il avait commencé avant que le succès fût complet. Pendant ce temps Étienne marcha sur Oxford, résidence de l'impératrice. Il s'empara de la ville et y mit le feu. Mathilde, retirée dans le château, sentit bientôt les horreurs de la famine et comprit qu'il fallait se rendre ou s'échapper par la ruse. C'était au cœur de l'hiver. Il faisait un froid extrême, et la terre était couverte de neige. Dans la nuit du 20 décembre, après s'être assurée d'une sentinelle qui gardait une poterne écartée, elle sortit accompagnée seulement de trois chevaliers habillés de blanc, traversa silencieusement les postes ennemis, passa la Tamise sur la glace, et gagna à pied Abingdon, où elle trouva des chevaux pour se rendre en toute hâte à Wallingford. Cette fuite, la plus extraordinaire de toutes ses aventures, fut regardée par ses amis comme une preuve convaincante de la protection divine.

Pendant les années 1144 et 1145, le comte de Glocester obtint des avantages marqués sur Étienne. Mais les deux partis, fatigués d'une guerre qui n'amenait aucun résultat, se contentèrent de garder leurs positions. Enfin, le comte de Glocester étant mort en 1147, cette perte fit évanouir toutes les espérances de Mathilde. Cette princesse quitta l'Angleterre et vint se fixer à Rouen, auprès de son mari, qui venait d'achever la soumission de la Normandie.

Geoffroi n'avait conquis la Normandie que pour la remettre à son fils Henri, quand il serait capable de gouverner. A peine le jeune prince eut-il atteint sa seizième année qu'il le fit reconnaître dans une assemblée tenue à cet effet au mois d'août de l'année 1148.

Peu de temps après ce couronnement, qui donnait un nouveau duc à la Normandie, Geoffroi, son père, mourut (1150). Eustache, le fils d'Étienne, le suivit de près. Cette mort amena naturellement de grandes modifications dans les rapports de Mathilde et d'Étienne. Ce prince, n'ayant plus d'héritiers, se montra disposé à un accommodement. Un compromis fut signé, par lequel Henri s'engageait à laisser la couronne d'Angleterre à Étienne pendant sa vie, et Étienne reconnaissait Henri pour son successeur.

L'année 1154 vit s'éteindre Étienne, qui termina sa carrière à Cantorbéry. Il avait régné dix-huit ans. On déposa ses restes près de ceux de sa femme et de son fils, dans le couvent de Faversham, qu'il avait fondé.

Jamais l'Angleterre et le duché de Normandie n'avaient présenté un spectacle de misère semblable à celui qu'ils offrirent sous le gouvernement de cet infortuné monarque. Les deux compétiteurs, également dépendants du caprice de leurs adhérents, étaient forcés de tolérer des excès qu'il eût été dangereux de punir: et les mercenaires étrangers que les barons, aussi bien que les princes, retenaient à leur service, s'indemnisaient fréquemment eux-mêmes du défaut de paye, en pillant indistinctement amis et ennemis. L'ardeur de la vengeance se mêlait à la soif du pouvoir : toutes les fois qu'un parti avait infligé quelqu'injure à l'autre, celui-ci était impatient de prendre sa revanche, et ces chevaliers qui se disaient chrétiens se vantaient d'actes barbares qui auraient déshonoré les païens leurs ancêtres. Chaque petit seigneur, retiré dans son château, défendu par des fossés et des tours, s'y gorgeait à loisir du butin enlevé aux paysans. La faim, la soif, la corde, le feu, le sachentége, tels étaient les moyens de tortures mis en usage pour forcer ces malheureux à livrer leurs richesses ou à déclarer le lieu où ils les avaient cachées. Telle était la désolation du pays, que, si l'on en croit la chronique saxonne, un voyageur pouvait quelquefois cheminer toute une journée sans découvrir sur sa route une seule créature humaine.

HENRI II,

Roi d'Angleterre. — Onzième Duc de Normandie.

1154 — 1189.

Pendant que ces choses se passaient, l'Europe continentale était émue par la voix puissante de saint Bernard, qui appelait tous les guerriers à une seconde croisade pour la délivrance du Saint-Sépulcre.

Le roi de France Louis le Jeune, brave, hardi et dévot, devait commander l'expédition. Il venait d'épouser une jeune femme, Éléonore, fille de Guillaume d'Aquitaine, belle, riche et pleine de grâces, élevée dans toutes les élégances poétiques du Midi, aux chants des troubadours, et apportant en dot le magnifique duché d'Aquitaine; il avait besoin de se montrer digne d'elle, et pour cela, autant que pour satisfaire aux exigences du pape, il résolut d'aller cueillir des palmes en Orient.

J'ai besoin de raconter en peu de mots cette seconde croisade, parce que, au milieu de ce pèlerinage armé, se prépare un agrandissement inespéré pour les ducs de Normandie. Louis VII et la belle Eléonore partent donc de France dans le plus riche appareil. La jeune épouse ne veut point se séparer de son époux. Ils longent le littoral de l'Asie, prennent par Ephèse, remontent le Méandre, et là commence, contre la chaleur, la peste et les Sarrasins, une lutte acharnée dans laquelle la bouillante valeur du roi de France ne l'empêcha pas d'essuyer de sanglants revers. Tant que son mari avait été le brillant capitaine, le roi entouré d'hommages, Eléonore l'avait aimé; vaincu, elle ne sentit plus pour lui que de la pitié. Elle oublia la majesté de la reine pour ne plus songer qu'à la coquetterie de la femme. Elle s'accoutuma aux hommages em-

pressés des seigneurs et des chevaliers. On dit
même qu'elle fut sensible aux soins d'un jeune
guerrier sarrasin de bonne mine. Le roi Louis VII
s'alarma à raison de cette rencontre et, sans attendre
l'issue du siége de Damas, il revint en toute hâte,
ramenant avec lui la reine. Ce retour fut triste,
plein d'ennui de part et d'autre, sans plaisir pour
la reine, sans honneur pour le roi. Si bien qu'au
bout du voyage, la reine et le roi de France songèrent à se séparer par un divorce. Il se trouva,
ce qu'on ne manqua pas alors de prouver, qu'ils
étaient parents au degré prohibé. Le divorce fut
prononcé, à la grande joie des deux conjoints.

Ce divorce fut déplorable. Le roi renonçait non
seulement à la main de cette princesse, mais encore à ses domaines, c'est-à-dire au Poitou, au
Limousin, au Bordelais, à l'Agenois, à l'Auvergne, au Périgord, à la Marche, et à l'ancien duché de Gascogne. A coup sûr, le roi Louis le Jeune,
rendant une si belle dot à sa femme qui l'abandonne, ne ressemble guère au roi Henri Ier d'Angleterre, qui conserve malgré le comte d'Anjou la
dot apportée par sa fille Mathilde au naufragé de

la *Blanche-Nef*. On a beaucoup blâmé cette restitution ; mais si elle est impolitique, elle montre au moins dans le roi de France une probité et une délicatesse dont les têtes couronnées se croient trop souvent exemptes.

Cependant tous les seigneurs de la féodalité se demandaient qui donc la duchesse d'Aquitaine allait choisir pour remplacer le roi de France. Tous les regards étaient tendus vers cette belle proie. Le choix d'Eléonore tomba sur Henri Plantagenet.

Henri était fils de Mathilde, la célèbre fille de Henri Ier, et du comte d'Anjou, Geoffroi Plantagenet, qui, après s'être marié pour devenir roi, n'avait jamais eu le bonheur de poser une couronne sur sa tête. S'il faut tenir compte aux princes des honneurs et des douleurs de leur vie, aucun ne mérite plus notre attention que celui-ci.

La jeunesse du fils-empereur, comme l'appelaient les Anglais, ne va pas sans anecdotes. Plus d'un anachorète a prédit les grandeurs futures de cet enfant. Elevé à Angers, qui était, au douzième siècle, une ville savante, il y avait appris cette grande science du droit romain si favorable à l'autorité d'un seul.

Une lettre du vénérable Ailred, abbé de Rival, nous raconte sa modération dans les plaisirs, son esprit indulgent et ferme, sa modestie naturelle et vraie, son zèle, sa charité pour les pauvres.

A la mort de son père Geoffroi, Henri était déjà depuis 1148 reconnu duc de Normandie ; son mariage le rendait maître de toute la France occidentale, la Bretagne exceptée. Le mariage fut célébré malgré la défense du roi de France, qui s'opposait de toutes ses forces à cette union. Le vassal répondit en faisant hommage au roi de France pour l'Aquitaine et pour tous les domaines de la reine Éléonore.

Mais à cette nouvelle que Henri Plantagenet avait osé, malgré sa défense, épouser la femme qu'il avait répudiée et qu'il aimait toujours, le roi de France entre dans une grande colère. Il jure qu'il arrachera à Henri tous ses états ; il appelle à son aide tous les mécontents de l'Anjou et de la Normandie. Henri Plantagenet accourt. Il brûle toute la partie du Vexin qui appartenait au roi de

France. Louis le Jeune, qui ne s'attendait pas à ce retour rapide, évite tant qu'il peut l'armée du jeune duc ; mais celui-ci le presse et le pousse, et enfin il le rejette jusqu'à Mantes. Cet exploit commença la réputation militaire du nouvel époux d'Eléonore.

Cependant Eustache, fils d'Etienne, dernier roi d'Angleterre, venait de mourir sans enfants. Cet événement ramena sur la tête de Plantagenet le fruit des longs combats qu'Etienne avait livrés à sa mère. Dans un compromis dont nous avons parlé, il fut convenu que le jeune duc de Normandie hériterait de l'Angleterre après la mort de son cousin.

Il serait difficile d'imaginer une perspective plus glorieuse que celle qui s'ouvrait en ce moment à la jeunesse de Henri Plantagenet. Par la mort de son père et malgré un testament en faveur de son frère cadet, il avait hérité de la Touraine et de l'Anjou. Du droit de sa mère il possédait le Maine et la Normandie, et avec la main d'Eléonore il avait reçu toute l'Aquitaine, c'est-à-dire un quart de la France. Dans sa vingt et unième année, la mort d'Etienne ajouta le royaume d'Angleterre à ce vaste territoire; et les regards de l'Europe se dirigèrent sur les premières démarches du jeune monarque, dont l'ambition, si elle égalait sa puissance, pouvait mettre en danger l'indépendance de tous ses voisins.

Impatient de ceindre le diadème, il traversa la mer au mois de janvier 1153, et il aborda au rivage d'Angleterre le jour même de l'Épiphanie. Dans une pauvre chapelle, au bord de la mer, un prêtre disait la messe. Henri entra dans la chapelle au moment où le prêtre chantait ces paroles prophétiques : Voilà le maître qui arrive. C'était un heureux augure.

Certes il était temps qu'un peu d'autorité vînt à l'Angleterre. Jamais l'absence d'un roi ferme et tout-puissant ne s'était fait plus cruellement sentir. L'Angleterre était au pillage après avoir été épuisée par les batailles de Mathilde et d'Étienne; la Normandie, lasse d'obéir tour-à-tour au roi d'Angleterre et aux princes du continent, souffrait les horreurs d'une famine désastreuse. L'avénement du nouveau roi, du nouveau duc, fut donc un sujet d'espérance et de consolation des deux côtés de la mer. « Relève-toi, Angleterre, criaient les poètes, relève-toi, reviens à la vie. »

La noblesse du royaume s'empressa d'accourir à Winchester au-devant du nouveau roi, et douze jours après son arrivée il fut solennellement couronné avec sa femme, la belle Eléonore, en présence d'un immense concours de peuple et des barons étrangers débarqués avec lui. Quelques jours furent donnés aux fêtes et aux cérémonies en usage dans ces occasions ; mais en même temps le nouveau roi s'occupait des plus importantes affaires de l'état. Dans un conseil, il nomma les grands officiers de la couronne; dans un autre, il confirma à ses sujets tous les droits et toutes les libertés qu'ils avaient possédés durant le règne de son grand-père, et dans un troisième, il amena les barons et les prélats à prêter serment de fidélité à son fils aîné Guillaume, et, en cas de décès de celui-ci, à son second fils Henri, enfant encore au berceau.

Réparer les maux dont les discordes civiles et une longue licence avaient affligé la nation sous le règne d'Etienne, fut l'objet principal de l'administration de Henri pendant plusieurs années. Dans cette vue, il chassa les mercenaires, fit démolir les châteaux des seigneurs les plus insolents ; en un mot, il commença par réussir et par vouloir, ce qui est bien commencer. Malheureusement la fin de son règne démentit ce qu'avaient été les premières années.

Par suite de la réunion des états des comtes d'Anjou avec ceux des comtes de Poitou et des ducs de Normandie, la Bretagne se trouvait isolée et exposée à une conquête prochaine. Les habitants du comté de Nantes songèrent à se prémunir contre Henri. Ils appelèrent Geoffroi, son frère, et le firent leur comte. Mais Geoffroi mourut au bout d'une année, et les Bretons se trouvèrent exposés au ressentiment du roi d'Angleterre. Ce prince prétendit avoir droit à succéder à son frère. Alors les Nantais appelèrent à leur secours Conan, duc de Bretagne. Cet acte perdit tout le pays. Henri réclama Nantes à Conan et, pour le forcer à lui livrer cette ville, il s'empressa de confisquer le comté de Richemont, que Conan possédait en Angleterre.

C'était l'occasion pour le roi de France de soulever les peuples contre les entreprises de Henri. Mais il semble qu'alors Louis VII ait désespéré de résister au prince anglo-normand ; loin de lui faire la guerre, il rechercha son alliance. Il l'invita à venir à Paris, et là, il fut convenu que Marguerite de France, fille de Louis VII, épouserait Henri, l'aîné des fils du prince anglo-normand. Ce mariage sauva la France d'une ruine probable. Par la suite, le fils de Henri devait ménager son beau-père et même prendre son parti. Henri comprit plus tard la faute qu'il avait faite en s'alliant à la dynastie française.

En Bretagne, les succès de Henri allèrent toujours croissant. Conan céda lâchement Nantes au roi d'Angleterre, et toute la belle province de Bretagne fût devenue sa proie, si un héros, Eudon, n'eût pris la cause de la patrie. Le lâche Conan se sauva en Angleterre, où il se mit à la merci de son ambitieux protecteur. Les effets de cette lâcheté furent dix ans de guerre, les châteaux démolis, le pays ravagé, les évêques assassinés, les villes de Josselin et de Fougères détruites, le tiers de la population emporté par une horrible famine, enfin un changement de dynastie au profit de Geoffroi, troisième fils de Henri II. « L'histoire, s'écrie avec raison M. Daru, ne saurait imprimer trop profondément la flétrissure sur le front des princes assez lâches pour livrer ainsi à l'ennemi les peuples que la Providence leur a commis. »

Fier de ces avantages, qu'il avait achetés par autant de crimes, Henri porta ses armes vers le comté de Toulouse, qu'il prétendait appartenir à sa femme Éléonore. Voici sur quoi étaient fondées ses prétentions : Guillaume, comte de Poitiers, avant d'aller à la croisade, avait engagé le comté de Toulouse à Raymond, comte de Saint-Gilles. Henri voulait rembourser l'argent qui avait été fourni et se faire restituer le domaine engagé.

Pour cette grande expédition, le roi d'Angleterre leva d'énormes subsides sur ses états. Il ne ménagea ni les nobles, ni le clergé. Il marcha vers le midi de la France, accompagné de Malcolm IV, roi d'Écosse, et de Guillaume de Blois, fils naturel du roi Étienne. Bientôt il s'empara de Cahors, puis il se dirigea sur Toulouse. Probablement le roi d'Angleterre ne s'était pas attendu à trouver le roi de France dans la place. Louis VII l'attendait de pied ferme. Henri n'osa pas avancer; il se replia sur Cahors, et de là remonta vers le nord, où il fit quelques dégâts en Beauvoisis; enfin, le pape Alexandre III, qui se trouvait alors en France, réconcilia les deux rivaux.

Telles furent les actions de Henri Plantagenet, roi d'Angleterre et duc de Normandie, depuis le commencement de son règne jusqu'en l'année 1158. Sauf quelques reproches de détail, le fond de son règne était bon; la suite n'y répondit pas.

Henri avait une stature médiocre, un air majestueux et un visage vermeil. Peu de personnes l'ont égalé par la tempérance, aucune peut-être par l'activité. Il était perpétuellement en mouvement, à pied ou à cheval. Tous les moments qu'il pouvait dérober aux affaires, il les consacrait à la chasse; mais aucune fatigue ne pouvait le vaincre : après la chasse il prenait un repas à la hâte et, se levant de table, il marchait jusqu'au moment du souper. Il était éloquent, affable, facétieux, joignant à la dignité d'un prince les manières d'un gentilhomme; mais sous ces dehors trompeurs il cachait un cœur artificieux et livré aux basses passions. Sa maxime favorite était qu'il vaut mieux se repentir de ses paroles que de ses actions.

Il commença par s'aliéner l'esprit de la reine, cette Éléonore que les rois se disputaient. Il sacrifia son épouse à des amours étrangères. L'histoire a conservé le nom de la belle Rosamonde. Les grâces étincelantes de l'esprit servaient d'ornements merveilleux à cette jeune et fraîche beauté. Le roi employait toutes les précautions pour cacher à tous les yeux, et surtout aux yeux jaloux de sa femme, cette maîtresse tant aimée. Mais Éléonore découvrit enfin sa retraite et la fit périr. Les religieuses de l'abbaye de Good-Storle ensevelirent son corps.

Aux dissensions privées succédèrent les discordes civiles. Tout cela entraînait Henri dans d'énormes dépenses; l'argent lui manquait, il était impossible d'en demander soit aux Anglais, soit aux Normands, soit même aux barons; personne, ni parmi les vaincus, ni parmi les vainqueurs, n'avait plus rien à donner. Restait seulement le clergé d'Angleterre, si magnifiquement traité par Guillaume le Conquérant, et certes c'était là, pour l'impôt, une proie opulente. Mais, pour dépouiller le clergé, il fallait avoir l'Eglise dans sa main. Or, l'Église anglicane appartenait à l'archevêque de Cantorbéry. L'archevêque de Cantorbéry, une espèce de patriarche en Angleterre, était le tuteur et le défenseur naturel de tous les biens de l'Eglise. Il était donc nécessaire que l'archevêque fût ce que le roi voulait, pour que la volonté du roi fût faite. Il jeta pour cela les yeux sur un abbé qui, jusque-là, n'avait paru qu'élégant et frivole, son ancien ami et son favori, Thomas Becket.

Thomas était le fils de Gilbert Becket, l'un des principaux citoyens de Londres, et d'une femme sarrasine. Dans son enfance, il avait été confié aux soins des chanoines de Merton. Il étudia ensuite à Oxford, à Paris et à Bologne, où il suivit les leçons du célèbre Gratien. De retour dans sa patrie, il devint d'abord conseiller de l'archevêque de Cantorbéry, et ensuite du roi Henri, qui le nomma chancelier et gouverneur du jeune prince. La rapidité de son élévation ne fut point supérieure à l'éclat de sa carrière. On citait son nom par toute la France et par toute l'Angleterre, comme celui d'un favori dont le courage égalait la science et la bonne grâce. Il avait ses meutes, ses chevaux, ses pages, et les gens du peuple disaient en le voyant passer : « Comment donc est servi le roi dont le chancelier marche en si pompeux appareil ! »

Lorsqu'il s'agit de nommer ce vaniteux courtisan à l'archevêché de Cantorbéry, des réclamations s'élevèrent de toutes parts. La reine Mathilde, qui vivait encore, dissuada en vain son fils de cette résolution; en vain Thomas Becket lui-même, quand le roi lui proposa cette place, s'écria, comme par un pressentiment invincible : « Prenez garde, sire, une fois archevêque je deviendrai votre plus cruel ennemi. » Le roi Henri II ne voulut rien entendre. Il ne comprit pas que l'autorité religieuse, quelque nom qu'elle porte, est poussée toujours par l'inspiration d'en-haut, à laquelle elle obéit plutôt qu'à toute autre considération. Il ne vit pas que le courtisan Becket, une fois archevêque, allait devenir le père, le protecteur, le défenseur de ses frères les Saxons. En dépit de toutes les remontrances, Thomas fut nommé archevêque primat d'Angleterre.

Bientôt, ô surprise ! ce frivole gentilhomme, ce courtisan souple et délié, l'homme sans frein dans les joies mondaines, le voilà qui renonce soudain à toutes les pompes et à toutes les vanités de l'esprit et du luxe. Au contraire, il s'entoure de tout ce qui est l'autorité. Il se fait l'ami et le père des pauvres, des mendiants, des serfs, de quiconque criait merci et pitié ! Au milieu de cette cour dont il était jadis le brillant favori, le bel esprit tout puissant, il ne montra plus qu'un froid visage, un regard attristé, le front sévère du vieux Caton qui serait devenu chrétien. L'investiture de Thomas Becket le changea tout-à-coup en un autre homme. Il renvoya au roi les sceaux de l'état que le roi lui avait confiés. Il refusa de se charger plus longtemps de l'éducation de l'héritier du trône, il se retira dans son cloître pour s'y occuper uniquement de sa chère Église. Pendant ce temps, ses ennemis agissaient auprès du monarque. Une discussion relative à la juridiction des cours ecclésiastiques amena la rupture définitive entre le prince et son ancien favori. Au concile de Clarendon, sollicité par les autres évêques, et pour éviter un massacre, Thomas se rendit d'abord aux injustes prétentions du prince, qui voulait avoir en main la discipline de l'Église, comme il avait celle de l'état; mais, à peine rentré chez lui, ses scrupules revinrent. Il écrivit au pape Alexandre un rapport de ce qui s'était passé, en sollicitant l'absolution de sa conduite. Depuis lors il fut inexorable. Le roi fit décréter par les évêques les clauses suivants : — 1° que le roi présentait les évêques à l'élection du haut clergé; 2° que, dans les procès ecclésiastiques, le choix des juges appartenait au roi; 3° qu'il pourrait nommer des évêques laïques; 4° que, pour excommunier un tenancier du roi, l'Église demandait l'autorisation du roi. Thomas Becket, fort de sa conscience, résista seul. Henri voulut le faire saisir; il passa en Flandre et de là en France, où son courage, non moins que sa mort, lui a donné cette popularité durable que la France accorde à tous les genres d'héroïsme. On montre encore à Auxerre la maison habitée par l'archevêque de Cantorbéry, et dans le Dauphiné, l'église qu'il a bâtie durant son exil.

Aussi la place que cet homme intrépide tient dans l'histoire n'est pas une de ces places faciles à conquérir. Il s'est élevé, par son dévoûment et par son courage, au premier rang des hommes généreux qui ont osé prendre en main, à leurs risques et périls, la défense de tout un peuple injustement opprimé. Enfant du peuple, il avait commencé par égaler les plus élégants et les plus spirituels gentilshommes, et maintenant, pauvre et seul, abandonné à ses propres forces, en butte à la volonté la plus entière qui ait gouverné les hommes, l'archevêque de Cantorbéry obéit en toute sécurité à une inspiration toute pontificale. Assis sur le Saint-Siége, son coup d'œil n'eût pas été plus net et plus sûr; il n'eût pas compris de plus haut les excès de la tyrannie royale. Grégoire VII n'eût pas mieux fait que l'archevêque de Cantorbéry soutenant au péril de sa vie les droits de l'Eglise de Kent, les droits de l'Eglise d'Angleterre ou, pour mieux dire, les droits de l'Eglise universelle. Le roi Henri II comprit confusément tout l'héroïsme de l'intrépide archevêque.

Il tenta sa fidélité par toute sorte de moyens, par la menace, par la prière, par la séduction, par leur amitié passée, par les accusations diaboliques. Quand il vit que tous ses efforts n'aboutissaient à rien, il chassa d'Angleterre tous les parents de l'archevêque, même les femmes enceintes, même les enfants à la mamelle, même les vieillards qui avaient un pied dans la tombe. Le prélat contempla d'un front serein toutes ces misères. Le roi de France lui avait accordé un asile dans un couvent de Saint-Omer. Du fond de sa retraite, Thomas Becket donnait l'exemple de la résignation et du courage. A toute la puissance du roi d'Angleterre, l'archevêque de Cantorbéry opposait son bon droit et sa conscience. Il priait le Ciel, il attendait, il connaissait assez à quel ennemi il osait s'attaquer pour savoir ce qu'il avait à redouter de ce tout-puissant. Mais il n'ignorait pas non plus que ceux qui savent attendre et espérer sont véritablement les hommes forts.

En effet, devant le courage de l'archevêque, qui ne fléchissait pas, le roi sentit bientôt tout l'odieux de sa conduite. En proie à la fureur et à la honte, il se tordait les mains de rage, il s'arrachait les cheveux, il mordait la laine de son lit, il rugissait. Il écrivait au pape Alexandre, demandant avec prières que le pape envoyât ses légats en Angleterre. Ses lettres sont remplies d'un désespoir poussé jusqu'à la fureur; il menaçait de se faire musulman. Il implorait tour-à-tour la justice d'Alexandre, celle du roi de France, celle de l'empereur d'Allemagne. Le roi de France répondit que c'était l'usage dans son royaume de donner asile et protection à ceux qui se trouvaient bannis pour avoir été justes.

Toutefois, le roi Louis crut qu'il était de son devoir de prêter la main à une réconciliation entre le père de son gendre et le représentant de l'autorité religieuse, si puissante alors. Deux entrevues eurent lieu entre Thomas et le roi Henri. Pour éviter les altercations, on décida qu'il ne serait fait aucune mention des coutumes; mais ils se méfiaient l'un de l'autre. Henri était disposé à conserver les libertés de l'Eglise, sauf la dignité de sa couronne. L'archevêque était également disposé à obéir au roi, sauf la dignité de l'Eglise. Dans la seconde conférence, ils omirent ces clauses restrictives et parvinrent à convenir de conditions satisfaisantes. Le primat, sur le point de partir, demanda à son souverain le baiser de paix. Ainsi se terminaient ordinairement de telles discussions. C'était le sceau de la réconciliation entre les parties contendantes. Mais Henri répondit froidement qu'il avait anciennement juré de ne le lui jamais donner et qu'il ne voulait pas se rendre coupable du crime de parjure. Un aussi mauvais prétexte ne trompa personne, et le primat partit intimement convaincu qu'il ne pouvait avoir aucune confiance dans la sincérité du roi.

Henri était en Normandie depuis plusieurs années. Sa présence y avait été nécessaire pour réprimer la turbulence de ses barons du continent, qui, sous le plus frivole prétexte, se montraient empressés à braver son autorité et en appelaient, selon les formes de la juridiction féodale, à la protection de leur seigneur suzerain, le roi de France. Louis, de son côté, pour mortifier l'orgueil de son vassal, ne mettait jamais de lenteur à soutenir les plaignants. Ainsi, les hostilités recommençaient chaque année, duraient quelques semaines, et des trèves d'aussi peu de durée venaient les suspendre. Mais au commencement de 1169, la paix fut enfin conclue entre les deux monarques. Henri consentit à céder l'Anjou et le Maine à son fils aîné, et l'Aquitaine à son second fils. Le premier avait déjà épousé une des filles de Louis; le second fut alors fiancé à une autre fille de ce roi, et l'on stipula que les possessions des deux jeunes princes relèveraient immédiatement de leur beau-père. Il est difficile de concevoir ce qui put arracher à Henri un traité si préjudiciable à ses intérêts. Il est problable que, comme il n'en observa jamais les conditions, ce n'était qu'une de ces fraudes déshonorantes auxquelles il descendait fréquemment dans la poursuite de quelqu'avantage temporaire.

Il avait maintenant un autre objet en vue : c'était le couronnement de son fils Henri. L'accomplissement de la cérémonie appartenait de droit à l'archevêque Becket, et une lettre du pape défendait à tout évêque anglais d'usurper cette fonction. Roger, archevêque d'York, accomplit néanmoins la cérémonie dans l'abbaye de Westminster le 14 juin

1170. Le jour suivant, les barons et le roi d'Ecosse, ainsi que les libres tenanciers anglais, rendirent hommage au jeune roi et lui jurèrent fidélité. On ignore pourquoi l'épouse du prince ne fut pas couronnée avec son mari; ce que l'on sait, c'est que Louis prit pour lui-même l'outrage fait à sa fille et entra sur les frontières de la Normandie avec une armée. Henri se hâta d'aller défendre ses domaines. Les deux monarques eurent une conférence particulière. On y renouvela le dernier traité, et Henri promit de se réconcilier immédiatement avec le primat.

Le plan d'accommodement ayant été préparé, il fut résolu que le roi d'Angleterre et l'archevêque auraient une entrevue près de Frietville, dans une vaste prairie sur les frontières de la Touraine. Aussitôt que parut Becket, le roi, poussant son cheval en avant, et la toque à la main, prévint son salut; et comme si aucune querelle ne les eût jamais divisés, il le prit à part pour causer avec lui, en montrant toute cette familiarité aimable qui avait distingué leur ancienne amitié. Dans le cours de leur conversation, Henri s'écria : « Quant aux gens qui nous ont trahis, vous et moi, je les récompenserai comme des traîtres le méritent. » A ces mots l'archevêque descendit de cheval et se jeta aux pieds de son souverain ; mais le roi le releva et, se tournant vers sa suite : « Je trouve, dit-il, l'archevêque dans les meilleures dispositions à mon égard. Si j'étais autrement pour lui, je serais le plus méchant des hommes. » Quand ils se séparèrent, la paix paraissait parfaitement assise.

Si Henri avait réellement éprouvé les sentiments qu'il manifestait, sa conduite dans cette circonstance eût mérité d'être louée comme magnanime ; mais son habileté dans l'art de dissimuler peut justifier les doutes qu'on entretiendrait sur sa sincérité. L'homme qui, le matin même, avait fait serment, en présence de toute sa cour, de refuser le baiser de paix, ne pouvait être animé de sentiments bien affectueux pour l'archevêque, et beaucoup de doutes restaient dans l'esprit du prélat, quoiqu'il commençât à concevoir l'espérance d'un plus heureux avenir.

Malgré les instances du roi de France, le noble exilé, préférant à son danger personnel le bonheur de revoir son Église affligée, se hâta de faire ses préparatifs de départ, et, après sept années de séparation, il toucha du pied ce rivage qu'il avait quitté comme un fugitif. Tout le peuple saxon était à genoux sur la grève de l'Océan et attendait son pasteur en chantant des actions de grâces. Que de bénédictions, que de louanges! Ces pauvres gens, pour que leur prélat ne foulât pas la terre, jetaient même leurs habits sous ses pas.

A la nouvelle incroyable que Thomas Becket, sans escorte, sans argent, livré à lui-même, avait osé passer de France en Angleterre, plusieurs archevêques et quelques nobles dont la conscience n'était pas absolument exempte de remords, prennent l'alarme. Ils sont informés que Thomas est porteur des lettres d'excommunication du Saint-Siége contre les juges d'York, de Londres et de Salisbury. Ils prennent la résolution d'arrêter son escorte et de les lui arracher. Cette violence perdit tout. L'archevêque de Cantorbéry, dans un moment d'indignation, charge un exprès de les leur porter à eux-mêmes en présence de leur suite. C'était le formulaire d'usage en pareille occasion. Les prélats, pris à leur propre piége, se répandirent en plaintes amères et portèrent leurs réclamations au roi Henri. C'est alors, dit-on, qu'échappèrent au roi ces paroles funestes : « De tous les lâches qui mangent mon pain, n'en est-il aucun qui veuille me délivrer de ce prélat turbulent ? »

On était aux fêtes de Noël 1170. Le 29 décembre, quatre de ces chevaliers, ou plutôt de ces courtisans indignes qui sont toujours prêts à courber le genou devant les princes et à satisfaire leurs passions, Reginald Fitzuses, Guillaume Tracy, Hugues de Moreville, et Richard Breton, qui tous les quatre avaient recueilli les paroles de Henri II, se présentèrent inopinément devant l'archevêque, et, sans répondre à son salut, ordonnèrent au primat d'absoudre les prélats excommuniés. Il répondit avec fermeté ce qu'exigeaient les circonstances, et ses audacieux visiteurs, voyant que tous leurs efforts seraient inutiles, se retirèrent en proférant des menaces.

Quand ils furent partis, les serviteurs de l'archevêque témoignèrent hautement leurs alarmes ; seul il était tranquille et recueilli, et ni son ton ni ses gestes ne trahissaient le plus léger symptôme d'appréhension. Dans ce moment d'attente les voix des moines qui chantaient vêpres dans le chœur frappèrent leurs oreilles, et il parut à quelques-uns que l'église serait un lieu plus sûr que le palais. L'archevêque, quoiqu'il hésitât, fut entraîné par la pieuse importunité de ses amis : mais quand il entendit les portes se fermer derrière lui, il ordonna sur-le-champ qu'on les rouvrît, en disant que le temple de Dieu ne devait pas être fortifié comme un château. Il avait passé par les couloirs du nord et il montait les degrés du chœur, quand les chevaliers, accompagnés de douze hommes armés de pied en cap, se précipitèrent dans l'église. Comme il était presque nuit, il aurait pu, s'il l'eût voulu, se cacher dans les souterrains ou les combles ; mais il se retourna pour aller à leur rencontre, suivi de son porte-crosse, le seul de ses serviteurs qui n'eût pas pris la fuite. Il ne fit aucune réponse aux vociférations de Hugues de Horsea, sous-diacre militaire, qui s'écriait : « Où est le traître ? » Mais lorsque Fitzuses demanda : « Où est l'archevêque ? » il répondit : « Me voici. Je suis l'archevêque, et non le traître. Reginald, ajouta-t-il, je vous ai accordé plusieurs faveurs : quel est maintenant votre but ? Si vous en voulez à ma vie, je vous commande au nom de Dieu de ne toucher à personne de mon peuple. » Quand on lui dit qu'il fallait sur-le-champ absoudre les évêques, il répliqua . « Jusqu'à ce qu'ils aient offert satisfaction, je ne le ferai point. — Meurs donc! » s'écria l'assassin en lui portant un coup à la tête. Le porte-crosse interposa son bras, qui fut cassé. Mais la force du coup jeta au loin le bonnet du primat et le blessa au sommet de la tête. Comme le sang coulait le long de sa figure, il joignit ses mains et baissa la tête en disant : « Au nom de Jésus-Christ et pour la défense de son Église, je suis prêt à mourir. » Dans cette posture, le visage tourné vers ses meurtriers, sans gémissement et sans mouvement, il attendit un second coup, qui le jeta sur ses genoux ; le troisième l'étendit sur la terre au pied de l'autel de Saint-Bennet. La partie supérieure du crâne était brisée, et Hugues de Horsea, mettant le pied sur le cou de l'archevêque, fit jaillir sa cervelle avec la pointe de son épée, et la répandit sur le pavé.

Ainsi périt, à l'âge de cinquante-trois ans, cet homme extraordinaire, martyr de ce qu'il croyait son devoir, la conservation des immunités de l'Église. L'heure de sa mort fut le triomphe de sa cause. Ses vertus personnelles et son poste élevé, la dignité et la tranquillité d'âme avec lesquelles il subit son sort, la sainteté du lieu où le meurtre fut commis, tout contribua à inspirer aux hommes de l'horreur pour ses ennemis et de la vénération pour son caractère. Les partisans des coutumes furent réduits au silence. Ceux qui avaient été si ardents à condamner sa conduite furent alors les plus empressés à y applaudir, et ses ennemis les plus acharnés cherchèrent à éviter l'odieux qui s'attachait à ses persécuteurs. La cause de l'Église recommença à prospérer; ses libertés semblèrent puiser une nouvelle vie et une plus grande force dans le sang de leurs défenseurs. (LINGARD.)

Henri II était à Bures, en Normandie; il célébrait les vacances et déployait une pompe royale au milieu des prélats et des barons, lorsqu'il apprit ce tragique événement. Cette nouvelle le plongea dans une profonde mélancolie. Il venait d'être délivré d'un dangereux ennemi ; mais il allait avoir contre lui toutes les haines du monde chrétien. Aussitôt il jeûne, il se mortifie en signe de deuil. Il désavoue hautement le meurtre de l'archevêque, il s'indigne contre ses meurtriers. Il envoie au pape une députation composée de l'archevêque de Rouen, des évêques d'Évreux et de Worcester. La route de ces prélats, chargés d'une si grande expiation, fut semée de difficultés et de périls. Arrivés à Rome, le pape refusa de recevoir les envoyés du roi d'Angleterre. La capitale du monde chrétien célébrait la fête de la Semaine-Sainte. Le Jeudi-Saint, du haut de la chaire de Saint-Pierre, le pape devait bénir la ville et le monde, et en même temps prononcer l'excommunication du roi Henri II d'Angleterre. C'en était fait, Henri allait subir le châtiment terrible de l'excommunication, cette peine qui faisait d'un roi moins qu'un homme. L'Europe entière était dans l'attente. Le trône d'Angleterre tremblait jusqu'en ses fondements. Mais enfin, à force de supplications et de prières, les trois ambassadeurs eurent accès au Vatican. Ils parlèrent au nom de ce roi et de ce royaume que l'Église allait retrancher de la communion universelle. D'abord le pontife fut inflexible ; mais quand enfin il eut entendu ces vieux prêtres qui le suppliaient à genoux, le pape consentit à envoyer deux légats pour approfondir l'affaire. C'était là tout ce que demandait Henri II, échapper à l'excommunication immédiate, laisser passer quelque temps sur le meurtre de Thomas Becket, et enfin relever la tête comme un roi après l'avoir courbée comme un pénitent.

Pour faire diversion aux funestes pensées qui agitaient l'Europe et couvraient son nom d'ignominie, Henri résolut de tenter une descente en Irlande et d'achever la soumission de cette île, déjà souvent tentée par ses prédécesseurs.

Ce pays était divisé en plusieurs royaumes qui souvent étaient en guerre les uns contre les autres. Une querelle qui s'éleva entre le roi de Leinster et celui de Meath amena la soumission de l'île à l'Angleterre.

Derraot, qui était roi de Leinster, avait été chassé de son trône par ses ennemis. Dans sa soif de vengeance, il s'adressa à Henri et lui offrit de se reconnaître son vassal s'il lui aidait à recouvrer son royaume. Quelques troupes lui furent données. Il exerça avec elles d'affreux ravages dans toute l'Irlande, et commit, pour reconquérir son trône, des cruautés dont le récit fait frémir. La mort le saisit dans son triomphe. Un seigneur normand, le comte de Pembrocke, qui avait épousé sa fille, prétendit lui succéder ; mais il n'osa résister aux prétentions du roi Henri, qui passa en Irlande, à la tête d'une forte troupe. Tout le monde se reconnut vassal du roi d'Angleterre. Il fit son entrée dans Dublin, reçut du pape une confirmation de sa conquête moyennant un léger impôt et ajouta à tous les titres qu'il portait déjà celui de lord d'Irlande.

Cependant le monde chrétien n'avait point oublié le meurtre de Thomas Becket. Cette tache pesait toujours sur le roi d'Angleterre et demandait une réparation. D'autant plus, l'archevêque de Cantorbéry n'était plus seulement un martyr sur la terre, c'était un saint dans le ciel. Des miracles s'opéraient sur son tombeau. Aucune sépulture chrétienne n'était plus visitée, aucun pèlerinage n'attirait un plus grand concours de fidèles que celui de saint Thomas de Cantorbéry. Il était devenu tout d'un coup non seulement le patron, le héros, le saint des Anglais, mais encore de la France et de la chrétienté tout entière. C'était une popularité qui grandissait chaque jour, et en même temps grandissaient l'indignation et les haines violentes contre le roi Henri II.

Le roi ne se sentit pas assez fort pour lutter plus longtemps contre cet évêque, son vainqueur sur la terre, son vainqueur dans le ciel. Il fit au tombeau de Thomas Becket des offrandes magnifiques et accorda au pape plus que l'archevêque de Cantorbéry n'avait demandé de son vivant, l'indépendance des élections ecclésiastiques, l'appel au pape, le retrait des conventions de Clarendon. En même temps il déplora sa conduite passée et fit une réparation éclatante dans l'ancienne cathédrale d'Avranches. Devant les légats, les évêques, les barons et le peuple, la main posée sur le livre des Évangiles, il jura solennellement qu'il était innocent, en paroles et en action, du meurtre de l'archevêque. Il fit ce serment de sa volonté spontanée ; mais comme il ne pouvait nier qu'il eût au moins donné lieu, par ses expressions violentes, au projet des assassins, il se soumit à entretenir à ses frais, pendant douze mois, deux cents chevaliers pour la défense de la Terre-Sainte ; à servir en personne, si le pape le requérait, pendant trois ans contre les Sarrazins, en Palestine ou en Espagne ; à restituer les terres et les possessions appartenant aux amis de l'archevêque.

Ceci se passait le 22 mai 1172. Les historiens ajoutent même que, deux années plus tard, le roi, les pieds nus et la tête découverte, portant le sarreau de laine des pénitents, se soumit à une flagellation douloureuse et passa tout le jour et toute la nuit en oraisons expiatoires devant le tombeau de Thomas Becket.

Après les querelles conjugales et les querelles religieuses, arrive un autre genre de persécutions et de douleurs, l'ingratitude de ses enfants.

Éléonore avait donné à Henri quatre fils, à chacun desquels ses vastes domaines offraient un ample héritage. Henri, l'aîné, était déjà couronné roi d'Angleterre ; les duchés d'Aquitaine et de

Bretagne étaient assurés à Richard et à Geoffroy, et Jean, le plus jeune, quoique les courtisans l'appelassent Sans-Terre, était destiné par son père à succéder à la souveraineté de l'Irlande.

Pour des raisons qui nous sont restées inconnues, Henri n'avait pas permis que la femme de son fils aîné fût couronnée avec son mari, et Louis avait regardé cette omission comme une insulte marquée et impardonnable envers lui et envers sa fille. Afin d'apaiser ce monarque, on recommença la cérémonie le 27 août 1172. Marguerite fut sacrée et couronnée avec Henri, et bientôt après les jeunes époux allèrent visiter leur père à Paris.

Cette visite détermina la rupture avec Henri. A leur retour auprès du vieux monarque, ils demandèrent la possession immédiate de l'Angleterre ou de la Normandie, afin d'être en état de porter dignement le titre qu'ils avaient reçu. Cette demande fut écoutée avec indignation et rejetée avec mépris. La vieille reine Éléonore, que l'espoir de la vengeance consolait de sa jalousie méprisée, les servit dans ce dessein. A son instigation, le jeune Henri, au moment où la cour revenait de

Limoges, s'enfuit et alla trouver son beau-père à Chartres. Avant que trois jours fussent écoulés, Richard et Geoffroi suivirent les traces de leur frère. Peu de temps après on acquit la certitude que la reine elle-même avait disparu.

Ces événements convainquirent le roi de l'existence d'un complot beaucoup plus vaste qu'il ne l'avait soupçonné d'abord. Son premier soin fut de faire revenir sa femme et ses trois fils. Éléonore, tombée entre les mains de son époux, fut enfermée dans une prison dont elle ne sortit plus. Mais les princes refusèrent de se rendre et formèrent contre leur père une ligue dans laquelle entra le roi de France lui-même. A cette nouvelle, le vieux roi comprit la nécessité de réunir des forces imposantes. Il attira sous ses étendards un corps de vingt mille aventuriers, rebut de toutes les nations de l'Europe, qui, sous la désignation commune de Brabançons, étaient habitués à vendre leurs services au plus haut enchérisseur.

Au mois de juin, les confédérés commencèrent leurs opérations sur la frontière de la Bretagne et de la Normandie. Neufchâtel se rendit sans résistance; Verneuil, défendu par un château presque imprenable, fut emporté d'abord, puis incendié à l'approche du vieux Henri. Les affaires du roi d'Angleterre ayant pris une tournure favorable, une conférence eut lieu entre les deux partis; mais le roi de France et les seigneurs révoltés étaient trop intéressés à la continuation de la guerre pour conseiller aux enfants de Henri de se soumettre. Les hostilités recommencèrent immédiatement.

Cette guerre semblait merveilleusement favoriser la politique du roi de France. Son royaume disparaissait en quelque sorte à côté d'un empire qui embrassait la Normandie, le Maine, l'Anjou, la Bretagne, l'Angleterre, l'Irlande et presque toute la Gaule méridionale. En soutenant les prétentions du jeune Henri, non seulement il amenait sur le trône un gendre dévoué, mais encore il ressuscitait cet ancien parti normand français qui avait déjà vécu avec Robert et Guillaume Cliton, contre Guillaume Ier, Guillaume II et Henri Ier Mais cette fois le parti normand français avait pris de nouvelles forces. Il se composait de la majeure partie de la Gaule. Il pouvait lutter avec des chances de succès contre Henri, le maître de l'Angleterre. En effet, les divers peuples de la Gaule, Normands, Bretons, Manceaux, Angevins, Poitevins, Gascons et autres, supportaient avec impatience le pouvoir despotique de Henri. Ils voyaient avec peine leur nationalité perdue dans le vaste empire anglo-normand. Ils auraient voulu avoir chacun leur duc ou leur comte comme auparavant. Leur cause se trouva mêlée à celle des enfants de Henri et à celle des rois de France.

Le jeune Henri résolut de s'y prendre à la manière des anciens conquérants. Il fut décidé que, pendant que le roi d'Angleterre serait occupé en Normandie, on enverrait Robert de Beaumont et Hugues de Neufchâtel porter la guerre en Grande-Bretagne. L'expédition débarqua en Angleterre et s'empara de Norwich; mais bientôt elle fut battue par Richard de Lascy, et l'apparition inattendue du vieux Henri fit échouer l'entreprise. Abandonnant dès-lors l'idée d'une invasion par mer, les confédérés rassemblèrent toutes leurs troupes sur les frontières de la Normandie. Avec une armée plus nombreuse que n'en avait vu l'Europe depuis la seconde croisade, ils vinrent camper sous les murs de Rouen. Afin d'épuiser le courage et les forces de la garnison par des assauts continuels, l'armée combinée fut divisée en trois corps, qui, à des heures marquées, se relevaient l'un l'autre ; mais les assiégés adoptèrent une semblable manœuvre et, maîtres du pont sur la Seine et de toute la contrée sur la rive gauche de la rivière, ils purent d'ailleurs recevoir journellement des renforts et des provisions. Le vingtième jour du siége, les chefs de l'armée assiégeante proclamèrent un armistice en l'honneur du martyre de saint Laurent (10 août). Les habitants de la ville, confiants dans cette promesse, se livraient à la joie, au plaisir et à la danse, lorsque, dans l'après-midi, le hasard fit que quelques ecclésiastiques eurent l'idée de monter à la tour de la cathédrale pour observer l'attitude de l'ennemi. D'abord, tout leur parut silencieux ; mais bientôt ils aperçurent des hommes d'armes marchant les rangs serrés, et tout leur indiqua un assaut immédiat. Ils sonnent la cloche d'alarme. Les ennemis se précipitent à l'escalade, les citoyens courent à la défense des murailles, une lutte opiniâtre s'engage; les assiégeants sont repoussés avec perte, et cette tentative inutile ne servit qu'à faire connaître le caractère perfide des alliés. Le lendemain, tous les regards furent attirés vers le pont par l'éclat des armes et le son des instruments de guerre : c'était l'armée anglaise arrivant au secours de la cité, sous les ordres du vieux roi lui-même. Les alliés, désespérés, brûlèrent leurs machines et commencèrent leur retraite. Peu après on entama des négociations, et la paix se remit entre le père et les enfants. Le jeune Henri reçut deux châteaux en Normandie avec quinze mille livres de rente. Richard eut deux châteaux en Poitou avec la moitié des revenus de ce comté, et Geoffroi, deux châteaux en Bretagne avec la moitié des revenus des états du comte Conan.

La paix fut également conclue avec le roi de France. La main d'Alix, fille de Louis, qui fut fiancée à Richard, en fut le prix.

Triomphant de ses ennemis et en paix avec ses enfants, Henri put enfin jouir de quelque repos. Il était le prince le plus puissant de l'époque. Son

alliance était très-recherchée. Il maria ses filles
l'une au duc de Saxe, l'autre au roi de Castille,
l'autre au roi de Sicile. Il réforma l'administration
de la justice, régla les affaires de sa maison et
laissa quelque temps son peuple jouir du repos si
nécessaire après une si longue suite de guerres.

Les regards de toutes les nations européennes se
tournaient, à cette époque, sur la situation désastreuse des chrétiens en Palestine. Les secours
portés par la seconde croisade étaient depuis longtemps épuisés. Le roi Baudouin IV, mineur et lé-
preux, ne pouvait lutter contre les talents et la
puissance de Saladin, qui, par ses conquêtes suc-
cessives, resserrait tous les ans les frontières des
étrangers et menaçait de les faire bientôt disparaî-
tre. Henri, en présence des légats du pape, avait
juré solennellement de visiter la Terre-Sainte. Jusque-là ses dissensions avec le roi de France l'avaient
dispensé d'accomplir sa promesse ; mais lorsque
celui-ci lui eut proposé de l'accompagner dans l'ex-
péditon projetée, il n'y eut plus moyen de reculer.
Le jour du départ fut fixé, et les deux princes jurèrent, Henri, de défendre contre tous son sei-

gneur le roi de France ; Louis, de protéger son fidèle vassal le roi d'Angleterre. Le projet échoua par la maladie et la mort du roi de France, et bien que Henri affectât de songer constamment à porter ses armes en Terre-Sainte, il laissa s'écouler les années sans trouver le moment d'accomplir son dessein. Sa sincérité fut enfin mise à l'épreuve par l'arrivée du patriarche de Jérusalem et du grand-maitre des chevaliers hospitaliers, porteurs de lettres de la reine Sibille et du comte de Tripoli, régent. Ils se jetèrent aux pieds du roi, sollicitèrent sa puissante protection et lui remirent, comme au représentant de Foulques d'Anjou, dont les descendants avaient porté le sceptre durant les cinquante dernières années, la bannière royale et les clefs du Saint-Sépulcre.

Henri, avec toutes les marques d'une émotion profonde, assembla son conseil et fit adroitement décider que cinquante mille marcs d'argent étaient tout ce qu'il pouvait faire en faveur de la Terre-Sainte. La prise de Jérusalem, qui tomba soudainement aux mains de Saladin, changea encore cette décision. Cette fois le départ semblait irrévocablement fixé, lorsqu'une révolte de Richard et la mort de Henri, son fils aîné, lui firent une loi de rester dans son royaume.

Une fièvre maligne venait d'emporter l'héritier présomptif (1183). Richard se trouvait dès-lors appelé à gouverner. C'était un jeune prince plus habile à manier l'épée que les ruses de la politique. Il fut facile au nouveau roi de France, l'habile Philippe-Auguste, qui venait de succéder à son père Louis VII, d'exciter la jalousie de ce jeune homme ou du moins d'en profiter à son avantage. Le vieux Henri avait une préférence pour le jeune Jean. Richard conçut la crainte de voir ce jeune prince lui succéder à son détriment. Il fit observer à son père, dans une altercation à laquelle assistait Philippe, qu'il était le plus âgé des fils survivants, et qu'on devait reconnaître son droit à la couronne. Le roi répondit d'une manière évasive. « Eh bien! s'écria le jeune prince indigné, je suis forcé de croire ce que j'avais regardé jusqu'ici comme impossible! » Et tout-à-coup, détachant son épée et se précipitant aux genoux de Philippe, il ajouta : « C'est à vous, sire, que je remets la défense de mes droits; c'est à vous que je fais maintenant hommage pour tous les domaines de mon père en France. » Philippe répondit qu'il l'acceptait pour son vassal et lui restituait tous les châteaux qu'il avait pris à Henri. Celui-ci, consterné de ce qu'il voyait et entendait, quitta brusquement la conférence.

Une entrevue particulière avec le roi de France devenait d'autant plus nécessaire que bon nombre de seigneurs, poussés par l'exemple de Richard, entraient ouvertement dans l'alliance de Philippe. A la sollicitation des évêques, les deux rois se rencontrèrent dans une plaine proche de Tours : Philippe, radieux et dans l'orgueil de la victoire, Henri l'âme abattue par l'infortune. Tandis qu'ils s'entretenaient à quelque distance de la foule, la foudre tomba près d'eux; bientôt après un second coup de tonnerre plus terrible encore se fit entendre, et l'agitation du roi devint si grande, que ceux qui l'entouraient eurent de la peine à le maintenir sur son cheval. Dans cet état, il se soumit à payer au roi de France une somme de vingt mille marcs comme indemnité, et à permettre à ses vassaux de faire hommage à Richard. Il ne réservait d'autre condition que celle d'avoir la liste des barons qui s'étaient ralliés au roi de France. Cette clause lui fut funeste. Le premier nom qui tomba sous ses yeux fut celui de son dernier fils, Jean, de la fidélité duquel il n'avait jamais douté. Il n'en lut pas davantage et, rendant le papier, il partit pour Chinon, le cœur brisé. Il tomba d'abord dans une profonde mélancolie. Elle fut suivie d'une fièvre violente. Le septième jour de la maladie, tout espoir de rétablissement s'évanouit. A sa demande, on le porta dans l'église, où il reçut, au pied de l'autel, les dernières consolations de la religion. Au moment où il expira, les évêques et les barons le quittèrent, tandis que ses autres serviteurs dépouillèrent le corps et enlevèrent tout ce qui pouvait être de quelque valeur.

Ainsi finit le plus grand prince de son siècle. Henri II est le plus illustre des rois normands qui ont régné en Angleterre. Ses vices et ses malheurs l'ont peut-être rendu plus célèbre que ses vertus. S'il ne fut pas sans défaut, il eut aussi de grandes qualités. Ses institutions sont nombreuses et d'une grande prévoyance. Il s'est occupé toute sa vie de l'administration de la justice. Un des principaux changements apportés à la législation britannique par la conquête de Guillaume avait été l'introduction des lois normandes relatives à la chasse et aux forêts. Seul dans le royaume, le roi d'Angleterre avait le droit de chasse ; nul ne pouvait, sans le congé du roi, abattre une bête fauve dans son propre domaine. Henri II eut pitié des excès que cette loi entraînait avec elle. Il soumit à des règlements sévères la conduite des officiers chargés de mettre à exécution les lois sur la chasse. Il institua les grands-maîtres des eaux et forêts, destinés à protéger le pauvre peuple contre les exactions des gens de justice. Il abolit ensuite l'épreuve par le feu, l'épreuve par l'eau et le duel. Ces coutumes barbares furent remplacées par les assises. Des juges ambulants devaient faire, à des époques déterminées, le tour des grandes provinces et juger les causes soumises à leurs tribunaux. Le roi lui-même s'astreignit à rendre la justice. Le commerce et les arts trouvèrent en lui un protecteur éclairé. Quiconque était poète, qu'il vint du Poitou ou du

Limousin, de la Normandie ou de l'Angleterre, était le bien-venu à sa cour.

Et pourtant cet homme, qui avait rempli le monde de son nom, fut à peine expiré que personne ne songea plus à lui. Ses obsèques se firent à la hâte et sans honneurs. On mit son corps dans l'abbaye de Fontevrault. On rapporte que, comme on allait le descendre au cercueil, Richard, son fils, se présenta à l'église. A l'approche de cet enfant ingrat, le cadavre laissa tomber quelques gouttes de sang. On eût dit la malédiction paternelle. A la vue de ce sang, le bouillant jeune homme tomba à genoux en s'écriant : Grâce et miséricorde ! (6 juillet 1189).

RICHARD IV, CŒUR-DE-LION,

Roi d'Angleterre, — Douzième Duc de Normandie.

1189 — 1199.

Des nombreux enfants de Henri II, deux seuls restaient pour disputer sa succession: Richard et Jean. Henri, l'aîné, était mort; Geoffroi, celui auquel était destinée la Bretagne, avait été tué dans un tournoi; les autres étaient illégitimes. Le droit de succession appelait naturellement Richard à la tête des affaires. Son frère Jean ne reçut que le comté de Mortain et une pension de deux mille livres. Tous les autres états du feu roi, à l'exemple de la Normandie et de l'Angleterre, se soumirent volontairement au fils aîné.

Richard, dit M. J. Janin, portait en lui-même toutes les passions de son temps : l'audace aveugle, l'énergie sans frein, l'ambition sans but, le besoin d'action, de mouvement, d'éclat; je ne sais quoi de fier et d'indompté qui plaît d'autant plus aux multitudes qu'elles ont obéi plus longtemps à des volontés sérieuses, à des esprits de sangfroid. La bataille l'enivre, le bruit des armes lui fait oublier toutes choses, son royaume d'abord, et ensuite sa liberté. Sa vie, la fortune de ses sujets, tout y passe. C'est le roi féodal par excellence, c'est-à-dire l'aventurier le plus héroïque, le plus fougueux, le plus hardi de l'époque féodale. Après tant de rois habiles et prévoyants, ce brutal soldat mêlé d'un grain de poésie nous plaît et nous charme encore. A peine fut-il maître de l'immense héritage que lui laissait son père, qu'il se mit à le répandre d'une main insensée. Cent mille marcs d'argent trouvés dans le trésor royal, Richard les dépense avec la furie de l'enfant prodigue, sans se douter de tous les tourments, de toutes les injustices que représente cet argent. L'argent parti, Richard vend à beaux deniers tout ce qu'on veut lui acheter du royaume de son père. Il vend le Northumberland à l'évêque de Durham; au roi d'Écosse il vend Berwick, et le délie du serment de fidélité. A son frère Jean il donne sept comtés en Angleterre, plus d'un tiers de son royaume. En même temps il va chercher sa mère dans la prison, où la reine Éléonore était enfermée par l'ordre de Henri II, et il la promène dans toute l'Angleterre, comme s'il eût voulu racheter par ses respects envers elle ses tristes rébellions contre son père. Puis quand il eut bien parcouru ce vaste royaume, le roi Richard vint à Paris, pour saluer de plus près la fortune royale de son ami le roi de France, Philippe-Auguste. Mais c'était un ami bien dangereux que celui-là. Sage et politique, il devait se servir des passions mauvaises et même des bonnes inspirations de Richard pour son propre avantage. Tant que le vieux Henri avait vécu, le roi de France s'était servi de son fils Richard pour faire rugir le vieux lion, et maintenant que Richard était roi à son tour, c'était contre lui-même que Philippe-Auguste allait dresser ses embûches.

Il commença par lui demander d'épouser sa sœur Alix, qui lui était fiancée depuis plusieurs années ; mais Richard n'était occupé que de l'idée d'aller à la croisade ; il obtint de Philippe, moyennant une somme d'argent, que le mariage serait différé jusqu'après l'expédition projetée.

Cependant tous les regards se tournaient vers la Terre-Sainte. La troisième croisade se préparait. Après la fatale bataille de Tibériade, Acre, Sidon, Ascalon et Jérusalem étaient tombées entre les mains victorieuses de Saladin, soudan d'Alep et d'Égypte. Tyr restait seule aux chrétiens. Ces considérations, qui auraient arrêté un monarque plus prudent, ne servirent qu'à enflammer l'ambition de Richard. D'ailleurs, le roi de France partait pour la croisade, et le père de Richard n'avait pu remplir son vœu de visiter les lieux saints. Toutes ces considérations l'eurent promptement déterminé. Il se hâta de ramasser ses troupes, se procura de l'argent en protégeant les Juifs, que ses ancêtres avaient chassés du royaume ; laissa l'Angleterre aux mains de Guillaume de Longchamps, qu'il créa régent; passa en France et vint se concerter avec le roi de France pour régler les préparatifs de leur départ.

Les deux rois s'étaient réciproquement donné parole de commencer leur pèlerinage aux fêtes de Pâques; mais la mort prématurée de la reine de France fit retarder le départ jusqu'au milieu de l'été. Ils se rencontrèrent dans la plaine de Vezelai. Une armée brillante de plus de deux cent mille hommes, revêtus du double caractère de guerriers et de pèlerins, marchait sous leurs bannières. A Lyon, ils se séparèrent : Philippe prit la route de Gênes, Richard celle de Marseille. Mais ils étaient mutuellement convenus que les deux armements se rejoindraient au port de Messine, en Sicile.

A Marseille, la patience de Richard fut mise à une sévère épreuve. Sa flotte n'était pas arrivée; il ne voulut pas l'attendre, et, nolisant trente petits bâtiments pour lui et sa suite, il longea les côtes d'Italie. Après avoir visité Naples en passant, il se fixa à Salerne, en attendant le roi de France et son armée, qu'il avait laissée à Marseille. L'un et l'autre arrivèrent à la fin de septembre. Richard vint rejoindre son suzerain à Messine. La saison étant trop avancée, ils résolurent de passer l'hiver à terre et de ne s'embarquer qu'au printemps suivant.

La Sicile était alors gouvernée par Tancrède, heureux aventurier qui s'était emparé de la couronne après la mort de Guillaume, le dernier souverain. Il eût volontiers renoncé à l'honneur de recevoir des hôtes que leur puissance rendait fort dangereux. Comme il ne s'était jamais exposé au ressentiment de Philippe, il n'avait aucune raison de le craindre ; mais il avait retenu le douaire de Jeanne, sœur de Richard et veuve de son prédécesseur, et refusé de payer les sommes léguées par ce prince à Henri, père de Richard. Le tout lui fut alors impérieusement demandé. Les Anglais mêmes se portèrent à quelques excès envers les habitants. Tancrède, incapable de résister à un aussi puissant adversaire, satisfit aux réclamations de Richard en lui payant quarante mille onces d'or.

Pendant tout l'hiver, Richard et Philippe, quoique jaloux l'un de l'autre, s'étudièrent à cacher leurs véritables sentiments. Le roi de France se montrait en toutes circonstances grave et simple. Le roi d'Angleterre ne cessait d'étonner par ses prodigalités.

Malgré la prudence de Philippe-Auguste, la secrète dissension qui divisait les deux princes faillit éclater avant le temps. Richard avait offert sa main à Bérengère, fille de don Sanche, roi de Navarre, et sa mère Éléonore était arrivée à Naples avec la princesse. Philippe fit valoir aussitôt les droits de sa sœur Alix, fiancée depuis si longtemps au roi d'Angleterre. Mais Richard déclara qu'il n'épouserait jamais une femme à laquelle il avait été fiancé au berceau et sans son consentement. Philippe, pour éviter une rupture, se désista, à condition que le roi d'Angleterre paierait dix mille marcs et remettrait à Alix les places fortes qu'il avait reçues en dot.

Quelques jours après, le roi de France fit voile pour Saint-Jean-d'Acre. Richard l'accompagna pendant quelques milles, puis, tournant vers Reggio, il prit à son bord Éléonore et Bérengère et les conduisit à Messine.

Enfin, le roi d'Angleterre fit ses adieux à la Sicile avec une flotte de cinquante trois galères et de cent cinquante autres vaisseaux. Éléonore retourna en Angleterre. Bérengère accompagna son époux.

Neuf mois s'étaient déjà écoulés depuis que Richard avait commencé son voyage, et cependant, quoiqu'il ne fût qu'à peu de journées de distance de la Terre-Sainte, l'impétuosité de son caractère l'entraîna à perdre deux mois dans une tout autre entreprise que celle de délivrer Jérusalem. Sa flotte avait été dispersée par une tempête. Quelques vaisseaux avaient échoué sur la côte de Chypre, et les habitants les avaient pillés... Outré d'indignation, Richard envoya demander satisfaction à Isaac, prince de la famille des Comnènes, qui prenait le titre pompeux d'empereur de Chypre. Isaac rejeta ses propositions. Alors le roi d'Angleterre s'approcha de l'île pour s'en rendre maître. Après un vif engagement, les galères d'Isaac furent prises. Richard prit terre avec son emportement accoutumé, et le port de Limassol tomba en son pouvoir. Le jour suivant, Isaac se laissa surprendre dans son camp par l'activité de ses ennemis et ne s'échappa qu'avec difficulté à Nicosie. Humilié par ces désastres et découragé par la défection des Cypriotes, il s'abaissa à demander une conférence. Richard y parut sur un cheval d'Espagne, vêtu d'une tunique de soie de couleur rose, avec un manteau brodé d'or, et tenant un bâton de commandement à la main droite. Après de longs débats, il fut convenu qu'Isaac paierait trois mille cinq cents marcs d'or, qu'il rendrait hommage au roi d'Angleterre, qu'il lui livrerait tous ses châteaux et qu'il servirait avec cinq cents chevaliers dans la guerre sainte. Il devait être à son retour réintégré dans ses droits, s'il avait donné satisfaction à son nouveau suzerain. Mais le Cypriote se repentit bientôt de sa facilité et se déroba pendant la nuit. La résistance toutefois était inutile. Il perdit une seconde bataille; Nicosie se rendit; et sa fille, qu'il aimait éperdûment, tomba entre les mains des vainqueurs. Il vint de nouveau implorer son pardon; mais Richard le fit lier avec des chaînes d'argent et le relégua dans un château sur les côtes de la Palestine.

Ce fut à Limassol que le roi célébra son hymen avec Bérengère, qui fut sacrée et couronnée par l'évêque d'Évreux. Là aussi il reçut la visite de l'infortuné Guy de Lusignan, nouveau roi de Jérusalem. Guy tenait la couronne du droit de sa femme Sibylle ; mais, au siége d'Acre, il trouva un dangereux compétiteur dans Conrad, marquis de Montferrat et prince de Tyr, qui avait épousé la sœur de Sibylle et qui, après la mort de celle-ci, prétendait être légitime héritier. Philippe avait épousé la cause de Conrad. Cela suffit pour décider Richard à soutenir les droits de son rival.

Le siége d'Acre durait actuellement depuis près de deux ans. Toute l'espérance des chrétiens résidait là, et les plus grands princes de l'Europe avaient pris les armes pour se joindre à cette grande entreprise. Aucune croisade, si ce n'est la première, ne fut peut-être entreprise avec plus d'ardeur que celle-ci. On y voyait Hugues le Grand, comte de Vermandois; Robert, comte de Flandre; Alain Fergent, duc de Bretagne; Bohémon, prince de Tarente, et le vieux Frédéric Barberousse, qui, à l'âge de soixante-huit ans, marchait le premier, attiré par l'espoir de la conquête, lorsqu'il tomba dans les eaux mortelles du Cydnus, le même fleuve qui avait pensé être fatal à Alexandre de Macédoine.

Sous les murs de Saint-Jean-d'Acre, Frédéric, fils de Barberousse, Philippe, Richard, leurs comtes, leurs barons, leurs vassaux formaient la plus belle armée du monde. Les galères de Pise bloquaient l'entrée du port. Les troupes de terre campaient autour de la ville, en demi-cercle de la mer à la mer. Malheureusement les assiégeants étaient eux-mêmes assiégés, et des montagnes voisines, Saladin, à la tête d'une immense armée, observait tous leurs mouvements. Le nombre de ceux qui périrent par le fer, la famine ou la peste, est presqu'incroyable. Cent vingt mille hommes, dit-on, furent ensevelis dans le cours d'une année ; mais les masses qui arrivaient chaque jour suppléaient aux pertes du jour précédent.

Si la concorde eût régné parmi les chrétiens, quelques jours auraient suffi pour la réduction d'Acre ; mais, dans cette armée qui appartenait à tant de princes différents, chacun se battait pour son compte personnel. Les Templiers n'avaient garde de se mêler avec les hospitaliers de Saint-Jean ; les Pisans obéissaient à leur général, les Génois, à leur doge. Les Français de Philippe-Auguste refusaient de se mêler aux Normands, aux Anglais, aux Aquitains de Richard. On se battait pour soi d'abord, pour sa nation ensuite.

Malgré tout cela, la ville s'affaiblissait, et le siége marchait de lui-même. La garnison vit que toute espérance s'évanouissait. On fit des propositions qui furent acceptées. La ville devait être rendue aux chrétiens avec la vraie croix et quinze cents captifs; moyennant quoi il fut permis aux habitants d'évacuer la place.

Cette conquête fut saluée avec ivresse par toutes les nations de la chrétienté, comme le prélude de la délivrance de Jérusalem. Mais la joie publique fut bientôt troublée par la nouvelle que le roi de France se préparait à quitter l'armée. Ce fut en vain que tous les chefs de la croisade le pressèrent de changer de résolution. Après avoir juré de ne point envahir les domaines de Richard, il fit ses adieux à la Terre-Sainte. Beaucoup de raisons

concouraient à déterminer cette manière d'agir.
Une dangereuse maladie avait altéré sa santé ; plus
de la moitié de l'armée qu'il avait consacrée à l'expédition s'était perdue dans les querelles particulières de Richard en Sicile et en Chypre ; depuis
leur réunion sous les murs d'Acre, ils ne s'étaient
jamais franchement secourus l'un l'autre ; et tel
était le caractère du roi d'Angleterre, que son ambition et ses emportements ne laissaient d'autre alternative que d'en venir ouvertement aux mains
ou de se soumettre à ses caprices. La situation
étant ainsi donnée, les partisans de Philippe soutenaient qu'il servirait mieux la cause de la croisade en se retirant qu'en restant. Il se retira donc
et se contenta de laisser dix mille hommes sous le
commandement du duc de Bourgogne.

Resté seul roi de la croisade, Richard redoubla
de fierté et de hauteur, je crois même aussi d'imprudence. Sur un simple soupçon il laissa égorger
deux mille sept cents infidèles en face du camp des
Sarrasins, qu'il accusait de manquer à leurs promesses.

Après cette sanglante exécution, Richard abandonnant la ville d'Acre, marcha vers Jaffa. Saladin campait auprès de lui toutes les nuits. Le matin il l'attaquait de front, en flanc et par derrière, et le combat durait ainsi chaque jour jusqu'au coucher du soleil. Une grande bataille, dans laquelle il déploya autant de bravoure que de science militaire, le délivra enfin de ce dangereux compagnon de route. Il put parvenir jusqu'à Jaffa, en relever les murailles et fortifier les châteaux voisins.

Cependant, chaque soir, un héraut proclamait à haute voix, au milieu du camp, ces paroles : « Le Saint-Sépulcre. » Le Saint-Sépulcre c'était le but principal des croisades et le terme de leur ambition. Richard ne se laissa point intimider par la difficulté de l'entreprise. Après avoir laissé des troupes dans Jaffa, comme il avait fait à Saint-Jean-d'Acre, il se dirigea vers Jérusalem. Peut-être quelque secrète intelligence avec Saladin lui faisait-elle entrevoir un succès quelconque ; mais, soit qu'il se fût trompé, soit que ses projets eussent échoué, il se vit bientôt obligé de rebrousser chemin et de livrer, sous les murs mêmes de Jaffa, une bataille décisive au fier Musulman. Son armée ne comptait plus qu'une poignée de soldats ; mais comment ne pas vaincre avec un tel chef? Il distribua ses hommes d'armes, soutint le choc de la cavalerie ennemie, divisée en sept bataillons, et les repoussa tous avec des pertes considérables. Richard, observant leur désordre, se précipita avec ses chevaliers au milieu de leurs escadrons et fit des prodiges de valeur. On trouva que, dans ce jour, il avait encore surpassé son ancienne renommée. Il abattit tous les champions qui osèrent se mesurer avec lui et parvint à inspirer à l'ennemi tant de terreur et d'admiration, que partout où il chargeait on se retirait à son approche. Après le combat, les deux guerriers, pleins d'une admiration réciproque, conclurent une trève pour trois ans. Le sultan exigea la destruction d'Ascalon, et en retour il accorda aux pèlerins le libre accès du Saint-Sépulcre.

Ainsi se termina la croisade. Si Jérusalem eût pu être conquise par la bravoure et la force personnelle, ce triomphe eût été réservé à Richard. Ses exploits, si supérieurs à ceux de ses compagnons, répandaient autour de lui un éclat qui le rendait cher aux chrétiens et arrachait l'admiration des infidèles. Mais le peu d'influence qu'ils eurent sur l'issue de l'expédition doit faire douter que Richard possédât les talents d'un général. Il paraît s'être toujours contenté de l'honneur de la victoire, sans se préoccuper de ses avantages réels; son inconstance naturelle l'empêchait de poursuivre longtemps le même objet, et son caractère violent le rendait plus propre à fomenter des divisions qu'à ramener la concorde parmi ses alliés.

Dès que sa santé le lui permit, il paya ses dettes, satisfit à toutes les réclamations de ses compagnons et s'embarqua à Saint-Jean-d'Acre. Pendant que son vaisseau s'éloignait, il se détourna pour jeter un dernier regard sur le rivage et, les bras étendus, il s'écria : « Terre sacrée, je te recommande aux soins du Très-Haut; puisse-t-il m'accorder de vivre assez pour revenir t'arracher au joug des infidèles. »

Il laissait le titre de roi de Jérusalem à son neveu Henri, qu'il avait marié à la veuve de Conrad de Montferrat, après avoir fait accepter à Guy de Lusignan le royaume de Chypre, en échange de son titre. Il formait, dit-on, les plus beaux projets en faveur du jeune Henri. La fortune ne lui permit pas de les exécuter.

La flotte anglaise qui portait Bérengère était partie avant le roi. Elle arriva heureusement en Sicile. Mais lui, après avoir dépensé plusieurs mois à attendre les vents favorables, fut jeté par la tempête, presque seul, sur la côte de Zara. Sachant que le roi de France s'était allié à son frère Jean pour le déposséder de ses états, que l'empereur de Germanie, Henri, l'héritier légitime de la Sicile, était irrité de son alliance avec Tancrède; que plusieurs princes parents de Conrad, le regardant comme l'assassin de ce seigneur, s'étaient hautement déclarés ses ennemis; et puis, un peu poussé par l'esprit aventureux qui dominait en lui, il conçut l'étrange projet de traverser toute l'Allemagne sous son habit de pèlerin et d'arriver ainsi incognito dans son royaume d'Angleterre.

Or, le roi Richard portait une de ces têtes hautes et fières qui rendent tout déguisement impossible. Il avait l'allure et la taille d'un roi. Il fut reconnu dans une auberge, comme il était occupé à tourner la broche chargée de venaison. Le duc d'Autriche vendit l'illustre captif à l'empereur d'Allemagne, et l'empereur, contre le droit des gens et des têtes couronnées, fit enfermer le royal pèlerin dans le château de Tyernsteingn (1192).

Pendant deux ans, l'Europe entière se demandait des nouvelles du roi Richard. Qu'était-il devenu le héros de la Palestine? On apprit enfin que Richard Cœur-de-Lion, comme l'avaient surnommé les infidèles, était prisonnier dans un donjon d'Allemagne.

« A la nouvelle que son roi est prisonnier, l'Angleterre s'attriste, la Normandie appelle son prince: La reine Éléonore, le cœur brisé de douleur, écrit au pape Célestin des lettres touchantes.
« J'avais résolu, s'écrie-t-elle, de contenir ma
« douleur dans mon âme, tant j'avais peur de
« déplaire, par quelque plainte peu modérée,
« au père suprême de la chrétienté. Hélas! je suis
« bien près d'être insensée à force de douleur.
« Pourtant, le sujet de mes larmes est un sujet
« de larmes pour toute l'Europe. Il ne s'agit pas
« seulement d'un roi captif, il s'agit d'un royaume

« sans roi, de peuples sans maître, de l'Église
« qui pleure son enfant le plus cher. Oh! venez
« moi en aide, vous le vicaire du Christ mort sur
« la croix, le successeur de saint Pierre, le prêtre
« des prêtres ! De vous seul dépend l'opinion des
« peuples ; à votre trône pontifical sont attachées
« leurs obéissances. Eh quoi ! vous le père des
« orphelins, le protecteur des veuves, la consola-
« tion des affligés, vous resterez insensible à cette
« grande affliction de toute une nation qui vous
« redemande son père et son roi ! » La lettre entière est remplie d'une éloquence toute mater-
nelle.

« Les troubadours, toujours à l'affût des prétextes poétiques, se mettent de la partie et ils cé-
lèbrent dans leurs vers la captivité du monarque.
Lui-même, lui Richard, pour charmer ses longs
ennuis, il appelle à son aide la poésie, cette consolation des beaux esprits et des tendres cœurs.
Dans ses heures de désespoir, il trouve le moyen
d'écrire la plus touchante élégie : « Le captif a
« beaucoup d'amis ; mais ses amis sont avares ;
« honte sur eux ! Faute de rançon, voilà deux

« hivers que je suis prisonnier. Mes hommes et
« mes barons anglais, normands, poitevins et
« gascons, vous n'ignorez pas cependant que
« moi, le roi, je ne laisserais pas en prison pour
« de l'argent le dernier soldat de mon armée. Je ne
« vous dis pas cela pour vous faire un reproche :
« mais enfin je suis encore en prison. »

Ces plaintes touchantes d'un roi prisonnier contre le droit des gens étaient répétées par l'Europe entière. La poésie attira sur le captif toutes les sympathies dues au malheur, et sur le duc Léopold, son vendeur, l'exécration universelle. Enfin, soit crainte, soit remords, l'empereur consentit à le lâcher moyennant 150,000 marcs d'argent, rude impôt que l'Angleterre eut à payer, et aussi la Normandie.

Enfin, après deux années de prison, au commencement d'avril 1194, la galiote d'un marchand déposa au port de Sandwich le roi Richard devenu libre et brûlant du désir de venger sur es ennemis de France et d'Angleterre la longue captivité qu'il avait eu à supporter.

Richard, en rentrant dans son royaume, le

trouva gémissant et appauvri par la rapacité de son ministre et l'ambition de son frère. Nous avons dit qu'il avait confié en partant l'administration de son royaume à Guillaume de Longchamps, évêque d'Ély et légat du pape en Angleterre. C'était, suivant les historiens de cette nation, un homme de peu de valeur. Se trouvant, pendant l'absence de Richard, muni de la double autorité de l'Église et de l'état, il l'exerça de la manière la plus despotique. On assure qu'il était haut et insolent, avide et prodigue, ruinant les laïques par des amendes, écrasant le clergé par des exactions, et forçant à l'obéissance par la sévérité et la promptitude des châtiments. Un tel homme devait s'être fait autant d'ennemis qu'il y avait de personnes accablées par sa tyrannie ou humiliées par son élévation. Il en méprisa le plus grand nombre, certain d'être protégé par son maître aussi longtemps qu'il pourrait remplir ses coffres. Une seule personne lui faisait ombrage : c'était Jean, le frère du roi, aussi ambitieux et aussi dépourvu de principes que lui-même.

Jean Sans-Terre nourrissait une secrète espé-

rance que son audacieux frère laisserait ses os en
Orient, comme tant d'autres avaient fait, et qu'il
pourrait bien, lui le dernier des fils de Henri II,
arriver jusqu'au trône d'Angleterre et au duché
de Normandie. Il existait, il est vrai, un enfant
qui avait un droit plus direct à la succession :
c'était Arthur de Bretagne, fils de celui de ses
frères aînés qui avait été tué dans un tournoi ;
mais comme les prétentions du plus proche héritier avaient été repoussées en d'autres occasions,
celles d'Arthur pouvaient l'être à la mort de Richard. Richard toutefois favorisait les intérêts de
son neveu, et, dans ses lettres au pape, il avait
reconnu le jeune prince pour son héritier présomptif. En même temps, pour déjouer les projets
de son frère, il avait chargé l'évêque d'Ély d'ouvrir une négociation avec le roi d'Écosse, afin de
l'engager à défendre les prétentions d'Arthur.
Mais ce secret ne put être caché aux espions que
Jean avait placés près de son frère à Messine, et
dès qu'il en eut connaissance, il prit la résolution
de renverser le chancelier, comme le plus grand
obstacle à son ambition.

Plusieurs tentatives échouèrent. Enfin, dans une réunion du conseil de régence, il parvint à forcer Longchamps à se démettre de sa charge de justicier et à lui inspirer des craintes pour sa vie. L'évêque d'Ély, aussi poltron qu'il était cruel, ne vit rien de mieux à faire que de fuir sous un faux nom. Mais comme il s'avançait sur le rivage, déguisé en femme, portant un paquet de toile sous un bras et une mesure sous l'autre, on le reconnut à sa démarche, et les matrones du lieu l'accablèrent d'injures jusqu'à ce que les officiers publics vinssent le prendre pour le conduire en prison. Jean désirait l'abreuver des plus cruelles humiliations; mais, à la prière des évêques, il lui permit de passer la mer et il nomma l'archevêque de Rouen vice-chancelier à sa place.

Dès lors Jean fut souverain de fait de l'Angleterre et de la Normandie. La nouvelle de la prison de son frère ne fit qu'augmenter ses prétentions. Il passa en France pour s'entendre avec Philippe, qu'il connaissait pour l'ennemi mortel de son frère. Il s'attira sa protection en lui cédant quelques petites portions de la Normandie et lui faisant hommage pour toutes les possessions anglaises du continent. On dit même qu'en apprenant que l'empereur Henri allait rendre la liberté à Richard, il lui fit offrir, de concert avec le roi de France, des sommes énormes pour prolonger la captivité de son frère. Mais l'empereur eut honte de sa vénalité et laissa Richard regagner son royaume dès qu'on lui eut compté les 150,000 marcs d'argent.

En revoyant ce roi qu'elle aimait, l'Angleterre battit des mains. Sur-le-champ et comme par enchantement, les sujets fidèles reprirent courage, les rebelles rendirent leurs armes ; un grand mouvement se manifesta comme si la nation entière se fût réveillée d'un affreux cauchemar.

De retour à Londres, le premier soin de Richard fut de réunir dans un grand conseil tous les évêques et tous les barons de l'Angleterre. Là, il se plaignit en maître irrité des trahisons du prince Jean. Il fut ordonné au frère du roi de comparaître et de présenter sa défense dans le délai de quarante jours, sous peine d'être banni et d'avoir ses biens confisqués. Jean n'obéit point à la sommation, quoiqu'elle fût renouvelée trois fois dans le cours des quarante jours. Alors, comme Jean possédait des terres en Normandie et qu'il se trouvait en France, trois pairs se rendirent à la cour de son seigneur suzerain le roi Philippe, pour y porter l'accusation et demander qu'il fût jugé par contumace. Philippe ne répondit pas.

Richard, après s'être fait couronner une seconde fois, résolut de passer en Normandie. Il y était appelé par son goût d'abord, car il préférait le séjour de cette riche contrée à celui de l'Angleterre, ensuite par la rébellion de son frère et les armements que préparait le roi de France.

Il s'empressa donc de rejoindre son armée à Portsmouth. Le vent était contraire ; mais son impatience dédaigna l'expérience et les avis des matelots. Il mit à la voile. La nuit fut sombre et orageuse, et, le matin du jour suivant, il se trouva heureux d'échapper au danger en retournant au port d'où il sortait. Après un ennuyeux délai de quinze jours, il partit pour la Normandie. En prenant terre, il fut tout étonné de voir arriver son frère Jean. Ce prince, dont la pusillanimité égalait l'ambition, implora à genoux le pardon d'un souverain qu'il avait si cruellement offensé. Il s'était assuré dans la reine-mère un intercesseur puissant. A la requête d'Éléonore, il fut reçu en grâce; mais Richard, à la demande de lui rendre ses terres et ses châteaux, opposa un refus inflexible

Restait le roi de France. Philippe était déjà en Normandie les armes à la main. Nous ne suivrons pas cette guerre. Ce serait un long détail d'actes militaires sans intérêt. La Normandie, la Saintonge et toutes les provinces de l'ouest en sont tour à tour le théâtre. Dans toutes ces rencontres, Richard est toujours l'aventurier plein d'inspiration, Philippe le guerrier grave et ambitieux. L'un et l'autre ils se battent partout où ils se rencontrent, pillant, ravageant et brûlant tout ce qui s'offre sur leur passage.

Cependant la fatigue et la famine forcèrent les deux rois à une paix sérieuse. Une trêve fut conclue, dans laquelle il était dit que le roi de France restait en possession de Louviers et de plusieurs autres villes, et que le roi d'Angleterre éviterait d'élever de nouvelles forteresses ou de relever celles qui avaient été détruites.

Richard ne tarda pas à violer ce traité, qui était beaucoup plus avantageux pour son rival que pour lui-même. Il avait été frappé d'une position admirable qui domine les Andelys, la côte de la Seine et la route de Rouen à Paris; il résolut d'y élever une forteresse. Le château Gaillard, ainsi qu'il l'appelait, est un immense massif de tours, de créneaux, de contreforts, de remparts, de ponts-levis, de souterrains, qui encore aujourd'hui, après six cents ans de guerres, de destructions et de tempêtes, rappelle les œuvres fabuleuses des géants. Cette œuvre formidable, qui fut élevée en moins d'une année, étonna fort le roi de France et le fit entrer dans une grande fureur. « Je viendrai à bout du château Gaillard, quand il serait de fer, s'écria-t-il. — Je le défendrai, quand il serait de beurre, » répliqua Richard, et il le défendit.

Cependant le Cœur-de-Lion en était arrivé à cet instant de fatigue dans la vie des hommes de guerre qui leur fait désirer le repos. Un moine l'avait abordé en lui disant : « Repens-toi, Richard, songe à la mort. » Et le roi avait répondu : « Merci, mon père. » Il parlait en effet de rentrer dans la paix, lorsqu'un destin bizarre acheva dans une honteuse querelle cette vie si glorieusement commencée.

Un trésor avait été trouvé dans les domaines de Vidomar, vicomte de Limoges, dont Richard était le suzerain. Le noble Limousin offrit à son maître une partie de la trouvaille : mais comme Richard demandait le tout, il refusa de lui obéir. Richard outré vint assiéger le château de Chalus, qui appartenait à Vidomar. D'abord, la garnison voulut se rendre, tant cet impitoyable soldat était craint par tout le monde. Mais le roi d'Angleterre ne voulut rien entendre. « Quand je serai entré dans la place, disait-il, je pendrai les assiégés comme autant de voleurs. » Donc la garnison de Chalus résolut de se défendre à outrance. Le capitaine de ces assiégés s'appelait Bertrand de Gordon. Il était l'ennemi personnel de Richard, qui avait fait tuer son père et ses deux frères. Ce jeune homme, dont la vue était perçante et le bras sûr, découvrant au loin le roi Richard qui sortait de sa tente : « Dieu du ciel, s'écria-t-il, laisse-moi venger mon père ! » En même temps il décochait une flèche qui atteignit le roi à l'épaule. Malgré toutes les apparences favorables, la blessure était mortelle. La gangrène se mit dans la plaie. Le roi Richard disposa en toute hâte de ses duchés, de son royaume et du peu d'argent qui lui restait. Comme il n'avait pas eu d'enfants de sa femme Bérengère, fille du roi de Navarre, il laissait ses états à Jean, son frère, comte de Mortain : il légua ses joyaux à son neveu Othon, qui attendait l'empire d'Allemagne. Ses trésors devaient être distribués en aumônes.

Richard Cœur-de-Lion expira le 6 avril 1199. Son corps fut porté dans l'église de Fontevrault, au pied de son père, et il légua son cœur aux citoyens de Rouen, en reconnaissance de leur loyauté et de leur attachement.

Le prince dont nous venons d'écrire l'histoire est un de ces hommes dont la vie et les aventures frappent l'imagination des peuples et que la poésie protége contre la sévérité de l'histoire. Aussi nos anciens annalistes le représentent comme un guerrier supérieur à tous ses contemporains. Cette prééminence ne lui fut pas seulement accordée par les chrétiens. Chez les Sarrasins, cent ans après sa mort, les mères se servaient de son nom pour effrayer leurs enfants. Mais quand nous lui aurons concédé la louange due à la valeur, son panégyrique sera terminé. Ses lauriers furent souillés de sang; il acheta ses victoires par la ruine de son peuple. Il recourait, pour se procurer de l'argent, aux plus vils expédients, et l'impétuosité de ses passions lui fit commettre mille injustices. Il fut infidèle à sa femme comme il avait été rebelle envers son père, et quoiqu'il eût les dehors de la religion, il ne posséda jamais les vertus d'un chrétien, qui seules peuvent faire le véritable héros.

Il fit de la Normandie le théâtre de ses guerres acharnées contre le roi de France et rendit ce pays malheureux, malgré sa gloire. De plus, il eut l'imprudence irréparable de céder au roi de

France plusieurs des places qui commandaient la province, et nous allons voir dans le règne suivant comment l'habile Philippe-Auguste en profita pour s'emparer de cette belle province et l'enlever aux rois d'Angleterre.

JEAN SANS-TERRE,

Roi d'Angleterre, — Treizième Duc de Normandie.

1199.

Richard n'avait point laissé d'enfants légitimes. Dans l'ordre régulier de la succession héréditaire, la couronne, à sa mort, se trouvait dévolue à son neveu Arthur, fils de Geoffroi et duc de Bretagne, enfant de douze ans. Le jeune prince avait été autrefois déclaré héritier présomptif ; mais sa mère Constance, par son indiscrétion et ses caprices, s'était aliéné l'esprit de Richard, son oncle, tandis que la vieille et adroite Eléonore travaillait avec assiduité à resserrer les liens de l'affection entre ses deux fils. Grâce à ses conseils, Jean avait presqu'effacé le souvenir de ses premières trahisons et, en récompense de sa fidélité, avait obtenu de son frère la restitution d'une grande partie de ses propriétés. Il était présent à la mort de Richard. Celui-ci mit en oubli le droit d'Arthur, jadis hautement proclamé par lui, et déclara, dit-on, Jean son successeur au trône.

Jean, après avoir reçu l'hommage des chevaliers qui se trouvaient là, courut s'emparer de Chinon, où Richard avait déposé ses trésors, et de là se rendit dans la Touraine, le Maine, l'Anjou, ancien patrimoine des Plantagenets. A son grand désappointement, les habitants se déclarèrent pour Arthur.

Le nouveau roi ne pouvait perdre son temps à la réduction de ces deux provinces. Il passa rapidement en Normandie, où ses partisans lui avaient d'avance assuré tous les suffrages. Il reçut à Rouen, des mains de l'archevêque, l'épée et la couronne ducale. Dans le Poitou et l'Aquitaine, qui appartenaient à sa mère, il fut également heureux. En Angleterre, le primat, après avoir démontré, dans un discours fort remarquable, que la couronne n'était pas la propriété d'une personne en particulier, mais un don de la nation, qui choisissait ordinairement parmi les membres de la famille régnante le prince qui paraissait le plus digne du trône, procéda au couronnement, avec les cérémonies d'usage, dans l'église de Wesminster.

Enorgueilli par ce succès, Jean, qui était un prince aussi voluptueux que lâche, songea à suivre le scandaleux exemple donné récemment par le roi de France et répudia son épouse, Jeanne de Glocester. L'intérêt avait formé cette union. Les états de Jeanne, considérables pour un comte de Mortain, étaient de peu d'importance pour le roi d'Angleterre. Une sentence de divorce, sous le prétexte ordinaire de consanguinité, fut aisément accordée par l'archevêque de Bordeaux. Jean envoya immédiatement des ambassadeurs à Lisbonne pour demander la princesse de Portugal; mais avant qu'il pût recevoir une réponse, il vit par hasard Isabelle, fille d'Aymar, comte d'Angoulême, qui avait été promise publiquement à Hugues de la Marche. Le roi fut captivé par sa beauté ; l'éclat d'une couronne séduisit le père et la fille, et le mariage inattendu d'Isabelle et de Jean priva la princesse de Portugal d'un mari et le comte de la Marche d'une femme.

C'est de l'époque d'un mariage conclu sous de si fâcheux auspices qu'on peut dater le déclin de la famille des Plantagenets. Hugues de la Marche, trop faible pour résister à Jean, en appela à Philippe, leur commun seigneur. Le roi de France était encore sollicité par les partisans d'Arthur. Jusque-là, à la prière de Jean, il avait fermé l'oreille à leurs réclamations ; à la suite du traité de Boutavant, qui avait été conclu entr'eux le 22 mai 1200, le malheureux Arthur avait même été obligé de reconnaître son oncle comme maître de l'Angleterre, de la Normandie et de l'Anjou. Cette fois, Philippe-Auguste comprit qu'il valait peut-être mieux pour lui secourir le neveu. Il reçut l'hommage d'Arthur pour la Bretagne, l'Anjou, le Maine et la Touraine. Les barons mécontents se hâtèrent de rejoindre la bannière du roi de France ;

les forteresses se rendirent successivement aux confédérés ; le roi promit au jeune Arthur, déjà âgé de seize ans, la main de sa fille Marie, et tout semblait devoir promptement amener la complète ruine de Jean Sans-Terre, quand un événement inattendu arrêta les progrès de ses ennemis et lui donna une supériorité marquée (1202).

Éléonore, la reine-mère, habitait le château de Mirebeau en Poitou. La garnison de cette forteresse était faible, et ses défenses misérables. On voulut laisser au jeune Arthur la gloire de faire prisonnière la mère de son rival. Il investit donc Mirebeau et en força facilement les portes ; mais la reine, refusant de capituler, se retira dans la tour et trouva moyen d'informer son fils du danger qu'elle courait. Jean, apprenant que son rival est peu armé, se hâte d'accourir, pénètre dans le château et, après un combat opiniâtre, délivre sa mère en faisant un grand nombre de prisonniers, au nombre desquels se trouva l'infortuné Arthur.

C'était un beau triomphe pour Jean. Il enferma soigneusement sa proie dans le château de Falaise et se mit à réfléchir sur ce qu'il devait en faire. Si la voix de l'humanité plaidait vivement en faveur du neveu et de l'orphelin, une politique erronée objectait le danger de laisser la vie à un prince qui pouvait trouver quelqu'autre occasion d'obtenir la couronne qu'il réclamait. Il ne paraît pas toutefois que Jean se soit arrêté d'abord à l'horrible expédient de l'assassinat. Il alla voir son captif, l'exhorta à se désister de ses prétentions et lui représenta quelle était la folie de se fier au roi de France, l'ennemi naturel de sa famille. « Abandonne, disait-il, de fausses prétentions à des couronnes que tu ne porteras jamais. Ne suis-je pas ton oncle? Je te donnerai de beaux héritages et mon amitié. — Ton amitié! répondait fièrement le jeune duc, mieux me vaudrait la haine du roi de France; avec un chevalier loyal, il y a toujours remède de générosité. — C'est folie de s'y fier, beau neveu; les rois de France naissent ennemis des Plantagenets. — Philippe a placé la couronne sur mon front, il a été mon parrain de chevalerie, il m'a promis sa fille en mariage. — Et tu ne l'épouseras jamais; mes tours sont fortes, et il n'y a ici rien qui résiste à ma volonté. — Jamais tours ni épées ne me rendront assez lâche pour renoncer au droit que je tiens, après Dieu, de mon père, Geoffroi, votre frère aîné, aujourd'hui devant le Seigneur. L'Angleterre, la Touraine, l'Anjou et la Guienne m'appartiennent de son chef, et la Bretagne de celui de ma mère. Je n'y renoncerai que par la mort. » Jean se retira pensif et mécontent. Dès ce moment la mort d'Arthur fut bien près d'être résolue.

Le roi d'Angleterre chercha partout des assassins sans pouvoir en trouver. Ses plus dévoués serviteurs, en vain tentés par ses promesses, lui répondirent qu'ils étaient gentilshommes et non pas bourreaux. Deux d'entre eux s'enfuirent de sa cour de peur de céder à ses détestables instances. La jeunesse et le noble caractère d'Arthur lui faisaient des amis jusqu'au fond de son cachot. Le gouverneur même chargé de sa garde n'hésita pas à risquer sa vie pour sauver celle de son prisonnier. Le roi était parvenu à gagner au poids de l'or quelques écuyers, qui s'étaient engagés à infliger au duc de Bretagne le supplice d'Abeilard et de plus à lui crever les yeux. Ces misérables s'introduisirent près d'Arthur, sous prétexte de lui porter des consolations. Le confiant jeune homme leur tend une main amie; mais il reconnaît bientôt leur infâme dessein. Dans la première épouvante, il tombe à leurs pieds, il les supplie avec larmes. Ces cœurs de fer s'amollissent, ils hésitent... Alors, échappant à leurs viles étreintes, le fils des rois bretons se relève intrépide et terrible, met en pièces le banc qui devait servir à sa mutilation et, armé d'un morceau de ce banc, il écarte les bourreaux jusqu'à l'arrivée du gardien. Celui-ci chasse à coups d'épée les envoyés de Jean Sans-Terre et mêle des larmes de honte aux pleurs de son captif.

Le roi d'Angleterre résolut dès-lors de ne s'en rapporter qu'à lui-même : il enleva Arthur à son généreux gardien et, le conduisant comme l'agneau qu'on mène à la boucherie, il le fit transporter au château de Rouen.

Jean avait arrêté dans son âme un affreux dessein. Il choisit pour l'exécuter le 6 avril 1203, jour du jeudi saint. Après avoir étouffé dans le vin le reste de ses remords et les dernières révoltes du sang, il quitta en bateau les bois de Moulineaux, où il avait passé le jour, et vint jusqu'à Rouen, au pied de la tour où l'on gardait Arthur. Il l'envoya chercher par son écuyer Pierre de Maulac. Arthur, affaibli par la souffrance et le chagrin, eut quelque peine à gagner le rivage.

« Venez çà, beau neveu, dit son oncle en lui tendant la main, venez voir le jour que vous aimez tant : je vous rends libre comme l'air et veux moi-même vous octroyer un royaume à gouverner. »

Mais le roi parlait de jour, et la nuit tombait sombre et terrible. Il parlait de liberté, et ses doigts serraient ceux du captif comme des anneaux de fer. Les fumées de l'ivresse donnaient une expression diabolique à son sourire. Un affreux pressentiment glace le cœur d'Arthur. Il s'arrête tremblant sur le bord du bateau. Alors Maulac et le roi l'aident à s'embarquer, et tous trois reprennent le chemin de Moulineaux. Maître enfin de sa proie, le tigre ne dissimule plus. Les regards farouches de Jean, l'heure et le lieu, le mystère et la solitude, tout annonce au pauvre prince sa destinée.

Mourir à dix-sept ans et mourir assassiné, sans

les pleurs d'une mère et les consolations d'un ami, après avoir mis le pied sur deux trônes et rêvé une longue vie toute pleine de gloire! quel courage résisterait à une pareille épreuve? Arthur tombe à genoux devant Jean Sans-Terre. Le duc de Bretagne se traîne aux pieds du monarque anglais; le neveu baise en pleurant les mains de son oncle. Il ne demande plus justice, mais pitié! ce n'est plus une couronne, c'est la vie qu'il implore!

Lorsque Jean s'était gorgé de vin, sans doute il prévoyait cette scène. S'il n'eût pas été assourdi et aveuglé par l'ivresse, les prières et les larmes d'Arthur l'eussent désarmé; mais, dans son abrutissement féroce, ces prières mêmes et ces larmes ne firent qu'exaspérer sa rage. Sentant peut-être quelque chose remuer au fond de son âme et redoutant le réveil du remords et du sang, il ordonna à son neveu de se taire et de se relever. Arthur insiste avec sanglots. Jean le saisit par les cheveux, tire sa longue épée et ordonne à Maulac de frapper. Mais l'horreur a paralysé le bras de l'écuyer. Alors Jean se précipite sur son neveu, lui passe l'épée au travers du corps et l'en perce de plusieurs coups. Puis, comme si cela n'eût pas suffi pour tuer un enfant, il lui met une grosse pierre au cou et le précipite dans les flots. Le lendemain, des pêcheurs trouvèrent le corps dans leurs filets et portèrent cette pêche royale au prieur de Notre-Dame-du-Pré, qui l'inhuma secrètement. (P. CHEVALIER.)

Malgré les efforts de Jean pour cacher son crime, la fatale nouvelle arriva bientôt en Bretagne. Aussitôt les prélats et les barons s'assemblèrent à Vannes pour aviser au salut du pays. Ces états, les plus solennels qu'on eût encore vus, déférèrent le gouvernement à Guy de Thouars, comme tuteur de sa fille Alix, qu'il avait eue de Constance, la veuve de Geoffroi, après la mort de celui-ci. Guy n'en prit pas moins le titre de duc de Bretagne; mais ce titre n'appartenait réellement ni à lui ni à sa fille; il appartenait à Éléonore, sœur aînée d'Arthur, que les rois d'Angleterre retenaient depuis quarante ans au couvent de Bristol.

Le premier soin de Guy de Thouars est d'accuser Jean de parricide par-devant le roi de France. En un clin d'œil tous les ennemis de l'Angleterre se tournent vers Philippe-Auguste. Le roi de France n'était pas homme à laisser échapper une si belle occasion. Il somma Jean de venir prouver son innocence en présence des pairs français. Le roi d'Angleterre, qui se sentait bourrelé de remords, ne répondit point à cette sommation. Alors, après les délais ordinaires, la cour prononça le jugement suivant : « Attendu que Jean, duc de Normandie, en violation de son serment à Philippe, son suzerain, a assassiné le fils de son frère aîné, vassal de la couronne de France et proche parent du roi, et qu'il a commis ce crime dans la seigneurie de France, il est déclaré coupable de félonie et de trahison, et en conséquence condamné à perdre toutes les terres qu'il tient par hommage. »

D'un seul mot se trouvait ainsi détruite cette puissance continentale que les ducs de Normandie, devenus rois d'Angleterre, avaient étendue par tant de ruses et de soins.

Afin d'exécuter cette sentence, Philippe, d'un

côté, et les Bretons de l'autre, entrent dans les domaines de Jean. La Normandie fut attaquée au sud, au nord, à l'est, de toutes parts. Cette fois ses anciens ducs n'étaient plus là pour la défendre. Il n'était plus le temps des Rollon, des Guillaume Longue-Épée, des Guillaume le Conquérant, des Henri Ier, des Henri II. Richard Cœur-de-Lion avait emporté avec lui dans la tombe l'énergie passionnée de ses ancêtres.

Pendant que tant d'ennemis s'acharnaient à sa perte, le roi Jean ne songeait qu'aux fêtes et aux plaisirs. La chasse et la table remplissaient ses journées indolentes. En moins d'une année, de tant de forteresses imprenables, il ne lui resta plus que Rouen, Verneuil et le château Gaillard.

Le château Gaillard était défendu par Roger de Lascy, brave soldat et dévoué à son maître. Il fallut au roi de France cinq mois de luttes et de travaux pour abattre ces remparts. La faim seule put réduire Roger de Lascy. D'abord, il avait chassé de la place toutes les bouches inutiles, les femmes, les enfants, les vieillards. Pendant plusieurs semaines ces infortunés soutinrent leur vie avec l'eau de la Seine et l'herbe de ses bords, puis ils se mangèrent entr'eux. Après la faim, le feu vint en aide aux assiégeants. En vain le pape Innocent III voulut s'interposer dans cette guerre, le roi de France ne l'écouta pas. Et le château Gaillard fut emporté, démoli, pendant que le roi Jean se plongeait à Rouen dans toutes les sales voluptés.

Après la prise du château Gaillard, les autres places, voyant l'indolence de leur monarque, perdirent entièrement courage. Falaise fut livrée; Caen, la ville des ducs normands, ouvrit ses portes sans coup férir. Bayeux, Séez, Coutances, Lisieux suivirent cet exemple. Le Mont-Saint-Michel lui-même, cette forteresse imprenable, fut emporté d'assaut par Guy de Thouars, à l'heure où la marée laissait la grève à sec, et l'incendie détruisit en même temps le couvent et la forteresse.

Restait la ville de Rouen, la capitale brillante, courageuse et fidèle. Depuis tantôt deux cent quatre-vingt-douze années, la ville de Rouen a présidé aux destinées de la Normandie. Sa richesse, son bon sens, sa vive intelligence de toutes choses,

son aptitude à tous les arts de la paix et de la
guerre avaient fait de cette ville une de ces cités
souveraines entre toutes, dont l'amour ou la haine
est d'un grand poids dans les destinées et dans
les révolutions d'un grand empire. Depuis la conquête, Rouen avait été le séjour des plus grands
seigneurs de l'Angleterre, l'asile d'une cour brillante, le siége d'un gouvernement important. A
ces causes, la ville ne se sentait guère portée
à fermer ses portes aux gens venus de l'Angleterre,
pour les ouvrir à ceux qui venaient de France.
Les Normands se sentaient encore plus anglais que
français, et d'ailleurs il y avait déjà cent cinquante ans qu'ils se battaient contre la France.
La ville était forte. Elle jouissait depuis longtemps
des droits de la commune ; la bourgeoisie était
armée ; elle savait se servir de ses armes ; elle
n'obéissait qu'à son maire ; elle avait derrière elle,
pour l'encourager et pour la soutenir dans la
défense, des forts et des murailles, d'intrépides
soldats commandés par Pierre de Pratellus. Si
l'attaque est vive, la défense sera patiente ; tout
est prêt pour tenir longtemps.

Philippe-Auguste fait avancer son armée. La ville ferme ses portes et brise son pont. Toutefois, comme elle ne pouvait se dissimuler qu'avec un prince comme le roi Jean elle n'avait pas de grands secours à attendre, une députation se rendit au camp de Philippe, et il fut stipulé que, si dans trente jours la ville n'était secourue, elle se rendrait au roi de France; et de son côté le roi de France s'engageait, dans ce cas, à conserver les droits, coutumes et priviléges de la ville.

Les choses étant ainsi réglées, les habitants de Rouen choisissent quelques-uns des plus signalés d'entre eux pour aller en Angleterre requérir leur duc et lui remontrer comme ils étaient grandement peinés et oppressés des armes de Philippe. Le roi Jean était plus que jamais tout occupé de ses fêtes, de ses plaisirs, de ses amours. Toutes ses nuits étaient splendides; sa journée était un long festin. Quand arrivèrent au palais du roi d'Angleterre les envoyés de la ville assiégée, Pierre des Préaux, Geoffroy du Bosc, Henri d'Estouteville, Robert, le maire de Rouen, Geoffroy le

Changeur, le roi faisait une partie d'échecs. C'est à peine et sans quitter le jeu qu'il répondit à ces embassadeurs qu'il n'avait rien à faire pour les gens de Rouen, et que du reste ils agissent pour le mieux. (J. JANIN.)

Lorsque les députés furent de retour et que la réponse du roi Jean fut connue, les Rouennais, fort étonnés, s'assemblèrent pour savoir ce qu'ils devaient faire. Quelques-uns d'entre eux rappelèrent qu'ils étaient Français avant tout et que leur pays, autrefois appelé Neustrie, était une des plus nobles et riches provinces de la France, dont elle avait toujours dépendu par foi et hommage. Ces raisons parurent tellement convaincantes à la plupart des citoyens, qu'aussitôt la ville de Rouen ouvrit ses portes au roi de France. Le roi franchit les doubles murs, les triples fossés de la ville, et planta son drapeau sur la tour. En même temps il confirmait les priviléges de la commune; il laissait à la province ses lois, ses coutumes, toutes les institutions féodales dont elle est le berceau.

Voyant que Rouen s'était rendu, Verneuil, Arques et toutes les petites villes de la Normandie, qui soutenaient encore le parti anglais, suivirent l'exemple de leur métropole.

Probablement Jean s'était résigné à faire le sacrifice des provinces du nord ; la Guienne restait fidèle; il se croyait certain, comme il disait, de recouvrer en un jour tout ce qu'on lui enlevait en un an; mais cette fois encore il se trompa. Philippe-Auguste se voyait en trop belle route pour s'arrêter. « Plus d'Anglais chez nous ! » s'écriait-il, et à ce cri, Chinon, Loches, La Rochelle et les autres places de l'ouest et du midi voyaient tomber leurs murs.

Jean comprit trop tard la faute qu'il avait faite. Plein de fureur, il rentre une dernière fois dans le Poitou et dans l'Anjou, pour tout piller, tout brûler, sans respecter la ville d'Angers, « *la ville où ses ancêtres avaient vu premièrement la clarté du soleil.* » Toute sa colère fut inutile.

Un seul espoir lui restait. L'empereur d'Allemagne fut tué. Othon, neveu du roi d'Angleterre, fut couronné à sa place. Ce prince ne tarda pas à se brouiller avec le roi de France. Une guerre fut déclarée. Jean crut tenir l'occasion de se venger de son rival. Il s'unit avec Othon, fait entrer le comte de Flandre dans leur ligue, et une immense armée conduite par l'empereur d'Allemagne se dirige sur la France.

Philippe, épuisé par une longue guerre, ne pouvait opposer à ce torrent dévastateur qu'une armée plus faible de moitié; mais l'ardeur et la bravoure de ses compagnons, la fleur de la chevalerie française, suppléèrent à la différence du nombre.

Les armées se rencontrèrent à Bouvines, petit village sur la rivière de Marque, entre Lille et Tournay (27 juillet 1214). Fatigué du chemin, le roi dormait sous un frêne, quand tout-à-coup les siens l'éveillent en lui annonçant la présence de l'ennemi. Alors il se lève le visage riant, prend lui-même le commandement des premières phalanges, confie les autres au duc de Bourgogne et à Gaultier de Saint-Paul, fait sonner les trompettes et court à l'ennemi.

Les deux armées s'entrechoquent. Les Champenois et les Soissonnais, dignes fils de leurs pères, s'engagent bravement dans la mêlée. Les routiers brabançons, bandits d'un si grand courage, sont taillés en pièces. L'empereur Othon eut son cheval tué sous lui, après avoir abattu des centaines d'ennemis avec le tranchant de sa lourde épée. Philippe se trouva un moment dans le plus important danger; un cavalier allemand le jeta bas avec le cuir de sa lance; mais ses chevaliers arrivèrent à temps pour l'arracher à la mort. Le comte de Salisbury, qui commandait les troupes envoyées par Jean, fut fait prisonnier. Le comte de Flandre eut le même sort, et l'avantage définitif resta aux Français. Au premier bruit de la défaite, Jean, qui guerroyait à dix lieues de là, prit la fuite, trop heureux de rencontrer cette mer complaisante qui le remportait en Angleterre à chaque nouvel échec.

Ainsi fut consommée la destinée de cette belle province de Normandie, qui depuis trois cents ans était séparée de la France. Désormais la réunion est complète, indissoluble. La guerre, momentanément impossible, renaîtra bientôt, il est vrai; mais c'est en vain qu'elle s'efforcera de ramener la province à l'Angleterre. La Normandie comprend que son intérêt la porte à s'unir à la France.

Au reste, cette illustre révolution s'accomplit sans résistance. On eût dit que toutes choses rentraient dans l'ordre naturel. Les grands propriétaires normands hésitèrent à peine entre leurs fiefs de France et leurs fiefs d'Angleterre : ils restèrent Français. Au mois de novembre 1205, une assemblée de nobles fut convoquée dans la ville de Rouen, pour arrêter les droits des nobles et les droits du clergé. Dans cette première assemblée, la vieille Normandie se rappelait en détail l'usage de ses anciens ducs; elle essayait de retrouver ses lois et ses mœurs bouleversées par tant de batailles et par tant de conquêtes. De son côté, le clergé de Normandie se réunit franchement au clergé du royaume de France, pendant que la bourgeoisie normande faisait reconnaître le droit des communes.

La grande sagesse et prudence de Philippe-Auguste se manifesta surtout dans cette manière douce et insensible dont il fit de la Normandie une terre française, et c'est là un de ses nombreux titres à l'admiration de la postérité. Il avait promis, il est vrai, de respecter les franchises de la province; mais en même temps il s'était juré à lui-même qu'il en finirait quelque jour avec la division féodale. Ces vassaux superbes qu'il ne voulait pas attaquer, ces vastes domaines qu'il ne pouvait pas envahir, il les acheta à prix d'or, il les obtint au moyen des échanges. Par les transactions utiles et pacifiques, Philippe-Auguste enseigna aux rois ses successeurs le grand art d'acheter la terre qu'on ne veut pas prendre à main armée, de réunir au droit de la couronne les lois qu'on ne peut pas anéantir, de composer en un mot un grand royaume avec toute sorte de seigneuries éparses et divisées. Cependant, sous la conduite éclairée de cet habile monarque, la Normandie ne s'apercevait guère, sinon à la paix qui l'entourait, des envahissements successifs de l'autorité royale. La noble province s'abandonnait en toute sécurité à ses destinées nouvelles ; sans adopter tout-à-fait les mœurs et les habitudes de la France, elle se laissait envahir par elles ; en un mot, peu à peu la Normandie s'éloignait de l'Angleterre, et Philippe-Auguste prenait des mesures pour qu'elle ne pût plus s'en rapprocher. L'ère des ducs héréditaires de Normandie était à jamais terminée.

Quant au dernier représentant de cette liste glorieuse, le coupable et infortuné Jean Sans-Terre, après s'être vu obligé, pour conserver sa couronne, de se constituer avec tous ses états vassal du Saint-Siége et son tributaire, ce qui couvrit sa mémoire d'un éternel opprobre, il se vit arracher par ses barons la grande charte, sur laquelle sont fondées les libertés anglaises.

Ces deux lâchetés, qui diminuaient sa puissance, aigrirent aussi profondément son esprit. Dans un moment d'exaltation, il voulut revenir sur ce qu'il avait fait. Les barons ne virent pas de meilleur moyen de le réduire au silence que d'appeler pour les gouverner Louis, fils de Philippe-Auguste. La guerre qui s'ensuivit dura deux ans. Enfin, un jour que ses joyaux et son argenterie avaient été engloutis en traversant le Wash, l'anxiété, la fatigue et les suites de la débauche ou le poison lui causèrent une fièvre dangereuse. Il se fit porter au château de Stealford, dicta ses dernières dispositions dans une lettre adressée au nouveau pape Honorius III, auquel il recommanda avec instance l'intérêt de ses enfants. Puis, ayant reçu les derniers sacrements de l'Eglise, il expira au bout de trois jours de maladie. Il était dans la quarante-neuvième année de son âge. Son règne avait duré dix-sept ans sur l'Angleterre. On l'enterra à Worcester.

Jean Sans-Terre est une des figures les plus hideuses de l'histoire. Il nous apparaît souillé par la bassesse, la cruauté, le parjure et le meurtre. Joignant à une ambition sans frein une pusillanimité puérile, arrogant dans la prospérité, abject dans l'adversité, il ne savait émouvoir ni l'estime ni la pitié. Il n'y eut peut-être jamais de prince dont le cœur fût plus dur que le sien. Plusieurs de ses captifs ne sortirent jamais de leurs cachots. S'ils survivaient aux tortures, on les laissait périr de faim. Il affectait même de faire de l'esprit aux dépens de ses victimes. Un archidiacre arrêté par ses ordres ayant été mis en prison, il lui envoya une chappe de plomb, et cet infortuné, enseveli sous ce pesant vêtement, fut laissé sans nourriture jusqu'à ce qu'il expirât. Dans une autre occasion il demanda à un Juif opulent de Bristol un présent de dix mille marcs, et il ordonna de lui arracher une dent tous les matins pour chaque jour de retard. Le Juif s'obstina. Le bourreau commença par les grosses dents. Il s'en laissa arracher sept ; mais le huitième jour il sollicita un répit et donna caution pour le paiement.

Jean ne fut pas moins répréhensible comme mari que comme monarque. Tandis que Philippe s'emparait de ses provinces du continent, il se consolait de cette perte dans les bras de sa belle épouse ; mais il l'abandonna bientôt pour retourner à ses anciennes habitudes. La licence de ses amours est comptée par tous les anciens écrivains parmi les principales causes de la haine de ses barons, dont un grand nombre avaient à pleurer et à venger la honte d'une femme, d'une fille ou d'une sœur. Isabelle, pour punir l'infidélité de son mari, imita sa conduite. Mais on ne pouvait insulter Jean avec impunité. Il pendit ses amants aux colonnes de son lit. Elle lui donna trois fils : Henri, Richard et Edmond, et trois filles : Jeanne, Éléonore et Isabelle. Il laissa un grand nombre d'enfants illégitimes. Ce fut Henri, l'aîné, qui lui succéda au trône d'Angleterre sous le nom de

Henri III. Ce jeune prince, pour avoir la paix avec Philippe-Auguste, renonça à la Normandie, qu'il ne pouvait plus espérer.

Notre tâche se termine ici. Nous avions l'intention d'écrire l'histoire des héros qui ont gouverné la Normandie depuis le moment où elle fut détachée de la France par le traité de Saint-Clair-sur-Epte, jusqu'à celui où elle lui fut de nouveau réunie par la bravoure de Philippe-Auguste. Cette période est une des plus belles de l'histoire. Si nous ne sommes pas parvenus à lui donner, aux yeux de notre lecteur, l'intérêt qu'elle nous a toujours inspiré, ce sera sans doute notre faute, et nous n'avons plus droit qu'à son indulgence.

TABLE.

	PAGES.
Introduction.	7
Hrolf ou Rollon, premier Duc de Normandie (876 — 912). .	27
Guillaume Longue-Épée, deuxième Duc de Normandie (926 — 942).	35
Richard Ier, Sans-Peur, troisième Duc de Normandie (943 — 996).	45
Richard II, quatrième Duc de Normandie (996 — 1026). . .	61
Richard III, cinquième Duc de Normandie (1026 — 1027). .	77
Robert Ier, le Magnifique, sixième Duc de Normandie (1026 — 1035).	80
Guillaume le Conquérant, septième Duc de Normandie (1035 — 1100).	97
Robert II, Courte-Heuse, huitième Duc de Normandie (1087 — 1134).	116

	PAGES.
Henri Ier, Beau-Clerc, Roi d'Angleterre, neuvième Duc de Normandie (1106 — 1135).	161
Étienne de Blois, Roi d'Angleterre, dixième Duc de Normandie (1135 — 1154).	184
Henri II, Roi d'Angleterre, onzième Duc de Normandie (1154 — 1189).	199
Richard IV, Cœur-de-Lion, Roi d'Angleterre, douzième Duc de Normandie (1189 — 1199).	246
Jean Sans Terre, Roi d'Angleterre, treizième Duc de Normandie (1199).	277

Rouen. — Imp. MÉGARD et Cie.

www.ingramcontent.com/pod-product-compliance
Lightning Source LLC
Chambersburg PA
CBHW071507160426
43196CB00010B/1452